PETRA NEUMANN-PRYSTAJ

100 Dinge über Darmstadt

die man wissen sollte

 WARTBERG VERLAG

Bildnachweis:
Hans-Peter Wollmann (1), Gerald Block (6), Christopher Koehler (Circus Waldoni, 1),
Leander Lenz (1), Michael Morgenstern (1) Hessische Hausstiftung, Schlossmuseum Darmstadt (2),
Darmstädter Echo-Archiv, Fotografen Jürgen Schmidt und Günther Jockel (2), Merck KGaA (1),
Christel Frank (2), ESOC-Pressestelle (1), ESA/J. Mai, CC BY-SA 3.0 IGO (1, S. 106),
Ellen Eckhardt (1), Mallory Lowe (1), Wolfgang Günzel (1, S. 84), Weyprecht-Gesellschaft (1, S. 34).
ullstein bild: S. 10 (Photo 12), 17, 28 (Firo), 35 (dpa), 38 (ddp), 39 (Spiegl), 56 oben (Sabine Simon),
73 (CARO/Marius Schwarz), 87 (dpa), 91, 104 (Paul Mai).
Alle übrigen Bilder: Petra Neumann-Prystaj.

Wir danken allen Lizenzträgern für die freundliche Abdruckgenehmigung. In Fällen, in denen es
nicht gelang, Rechtsinhaber an Abbildungen zu ermitteln, bleiben Honoraransprüche gewahrt.

1. Auflage 2017
Alle Rechte vorbehalten, auch die des auszugsweisen
Nachdrucks und der fotomechanischen Wiedergabe.
Gestaltung und Satz: r2 | Ravenstein, Verden
Druck: Media-Print Informationstechnologie GmbH, Paderborn
Buchbinderische Verarbeitung: Buchbinderei S. R. Büge, Celle
© Wartberg-Verlag GmbH
34281 Gudensberg-Gleichen • Im Wiesental 1
Telefon: 0 56 03/9 30 50 • www.wartberg-verlag.de
ISBN: 978-3-8313-2911-3

VORWORT

Es geschah auf dem Rückflug aus dem Urlaub. Die Maschine schwebte im Lande-
anflug über dem Frankfurter Rhein-Main-Flughafen, als sich der Kapitän über die
Bordsprechanlage meldete. „Herzlich willkommen in Darmstadt bei Frankfurt!"
Diese ungewohnte Begrüßung verstörte die Fluggäste aus Frankfurt, während die
Passagiere aus Darmstadt mit Jubel und Applaus reagierten. Endlich hatte jemand
erkannt und anerkannt, dass ihre Stadt weitaus bedeutender ist, als die Zahl ihrer
Einwohner – rund 155 000 Menschen – vermuten lässt.
Darmstadt steht oft im Schatten von Frankfurt, ist nur etwa 30 Kilometer von der
Mainmetropole entfernt, aber alles andere als ein Vorort. Die einstige Residenzstadt
der Landgrafen von Hessen-Darmstadt hat ihr Profil als aufstrebende Wissenschaftsstadt mit begehrten Arbeits- und Studienplätzen in den letzten Jahren noch mehr
geschärft. Nicht nur die Pharma- und Haarkosmetikbranche machte ihren Namen in
aller Welt bekannt, auch das Europäische Satellitenkontrollzentrum. Von Darmstadt
aus werden die Satelliten der ESA überwacht. Und die europäische Organisation für
die Nutzung meteorologischer Satelliten (Eumetsat) beobachtet das Wettergeschehen
und liefert Filme und Wetterbilder für das Fernsehen.
Das Angebot an qualifizierten Arbeitsplätzen allein dürfte nicht der Grund für den
anhaltenden Bevölkerungszuwachs sein. Neubürger finden nämlich auch eine gute
Infrastruktur in den Bereichen Kinderbetreuung, Sport, Kultur und Freizeit vor. Viele
Einwohner engagieren sich für ihre Stadt und tragen in Bürgerinitiativen zur
Mitgestaltung der Wohnviertel oder Bewahrung von Traditionen bei.
Für die Zukunft ist Darmstadt gut gerüstet: Hier werden kühne Ideen zur Marktreife
gebracht. Aber ohne ihre Vergangenheit als Residenzstadt und den fortschrittlichen
Großherzog Ernst Ludwig hätte es Darmstadt wohl nicht so weit gebracht. Von den
vielen Facetten dieser Stadt handelt dieses Buch.
Zwar habe ich meine Kindheit und Jugend in Frankfurt verbracht, aber Darmstadt ist
mir in über 45 Jahren zur eigentlichen Heimat geworden. Deshalb wusste ich damals
im Flugzeug sofort, auf welche Seite ich gehöre – und klatschte mit.

Petra Neumann-Prystaj

INHALT

Vorwort von Petra Neumann-Prystaj 3

KRIMINELL
Hier fließt Papierblut – Darmstädter Krimis 8
Liebig löst das Rätsel – Der Tod der Emilie von Görlitz 9
Missverständnis und Mythos – Burg Frankenstein 11
Hölle auf Erden – Halloween auf Burg Frankenstein 12

BLAUBLÜTIG
Die Wurzeln der Windsors – Das Haus Mountbatten-Windsor 13
Prinzessin Sonnenschein – Elisabeth von Hessen-Darmstadt 15
Die falsche Anastasia – Anna Anderson 16
Herz auf Reisen – Prinz Georg von Hessen-Darmstadt 17
Luise und das Kaufhaus – Königin Luise von Preußen 19
Akustisches Wahrzeichen – Glockenspiel im Residenzschloss 20
Ellas Locke – Elisabeth von Hessen und bei Rhein 21
Madonnenkinder – Erholung in Davos 22
Wo Geschichte weiterlebt – Das Darmstädter Schloss 22
Ein Graben wird zum Park – Der Schlossgraben 24

MEDIAL
Kopfsprung ins Studentenleben – Der Film „Dreizehn Semester" 25
Diese Drombuschs leben weiter – Der Fan-Treff 27

Lilien mit Kampfgeist – Der Aufstieg des Fußballvereins 28
Blume mit Bedeutung – Der SV Darmstadt 98 29

VORBILDLICH
Ein „Mensch des Respekts" – Jonathan Heimes 30
Alice und die Krankenpflege – Alice von Großbritannien 32
Land in Sicht am Nordpol – Carl Weyprecht 33
Vom „Sissi"-Kaiser zum Äthiopienhelfer – Karlheinz Böhm 34

EINZIGARTIG
Nur zum Selbstkonsum – Die „Watz"-Weine 36
Goldschnitt und Edelsteine – Das Goldene Buch 37
Spektakulärer Zufallsfund – Pläne vom Kölner Dom 39
Sahnehäubchen auf dem Kopf – Hüte von Susanne Schmitt 40
Kleine Bühnen aus Papier – Das Papiertheatermuseum 41
Witzig verpackte Wissenschaft – Die Science Slams 42
Fantastisches aus Abfall – Der Verein Ubuntu 43
Raubkatzen überall – Darmstadts Löwen 43
Abgedampft – Das Bier der Darmstädter 44

KOMMUNIKATIV
Kommt alle – Das Heinerfest 45
Wie man einer wird – Die Heiner 46
Rock und Pop für alle – Das Schlossgrabenfest 47
Musik in der Maschinenhalle – Die Centralstation 47
300 Jahre Theater – Mollerbau und Staatstheater 48
Kleine Stars in der Manege – Der Circus Waldoni 49
Vom Kino zum Kabarett – Das Halbneun-Theater 50
Comedy mit Puppen – Das Kikeriki-Theater 51

HERVORRAGEND
Bilderbuch im XXL-Format – Fassadenkunst 52
Heizen mit Körperwärme – Passivhäuser 53
Wohnen unter Goldkuppeln – Die Waldspirale 54
Das Haus der „Ja"-Sager – Das Rathaus 54
Eine für drei – Die neue Synagoge 55
Bei der „Kronen-Emma" – Das Kulthaus „Goldene Krone" 56

Wir sind alle Heiner ... – Der Fred-Hill-Weg 57
Laufen, laufen, laufen – Die Laufgruppe 57
Wo Prinzen Urlaub machten – Der Prinz-Georg-Garten 58
Bücher für alle – Das Prettlacksche Gartenhaus 59

NATURVERBUNDEN

Beliebte Kühlanstalt – Der Woog 60
Die Schlammbeißer – Schwimmen erhält jung 61
Goethe und die Empfindsamen – Am Herrgottsberg 62
„Luftkurort" in Bessungen – Die Ludwigshöhe 63
Sand unter den Sohlen – Die Ulvenberg-Düne 64
Über sieben Hügel – Der Sieben-Hügel-Steig 65
Eberstadts Toskana – Prinzenberg und Eichwäldchen 66
Teewasser aus der Quelle – Der Melita-Brunnen 67
Wie Holzkohle entsteht – Der Walderlebnispfad 68
Steine mit Zauberkraft – Die Magnetsteine 69
Verwunschener Park – Der Vortex-Garten 69

UNTERWEGS

Nostalgie auf Schienen – Im Datterich-Express 70
Mal Dampf ablassen – Der Feurige Elias 71
Zum alten Eisen – Das Eisenbahnmuseum 72
Des Schaffners alte Kleider – Uniformen im Wandel der Zeit 73

HIMMELWÄRTS

Riese mit Ausblick – Der Lange Ludwig 74
Größte Litfasssäule – Der Weiße Turm 76
Das höchste Haus – Die h_da 77

TIERISCH GUT

Bei Affen und Tapiren – Das Vivarium 78
Koloss aus Knochen – Das Mastodon-Skelett 79
Hier gibt's keine lila Kühe – Das Hofgut Oberfeld 80
Und Halla lacht – Die berühmte Stute 81
Pferdchen aus der Grube – Das Urpferdchen 82

UNTERIRDISCH

Mit Stiefeln im Untergrund – Der Wasserspeicher auf der Mathildenhöhe 83
Wiederentdecktes Labyrinth – Unterirdische Keller und Gänge 85

KULTURELL

So klingt Avantgarde – Ferienkurse für Neue Musik 86
Begehrter Auszeichnung – Der Georg-Büchner-Preis 87
Die Darmstädter Bibel – Niebergall und der Datterich 88
Das Bürger-Spielzeug – Der Datterich-Brunnen 89
Wo der Mond aufgegangen ist – Matthias Claudius in Darmstadt 90
Dichter in Gips – Shakespeares Totenmaske 91
Wald voller Wunder – Der Waldkunstpfad 92

HISTORISCH

Heiraten unter der Stadtkrone – Der Hochzeitsturm 93
Der Vorzeige-Hügel – Die Mathildenhöhe 95
Rosige Zeiten – Die Rosenhöhe 96
Ein Stück vom Markusdom – Fußboden im Mausoleum 97
Auf russischer Erde – Die Russische Kapelle 97
Die Zarenhochzeit – Prinzessin Alix 99

WELTOFFEN

Lauter Bestseller – Die Firma Merck 100
Heilmittel Mumie – Mumia vera aegyptiaca 101
Von Einstein bis zum Powerhaus – Kleine Geschichte der TU 102
Ein Stück Sportgeschichte – Das Plexiglas 103
Dauerhafte Locken – Die Wella AG 104
Pop-Art-Pilgerstätte – Darmstädter Kunstsammlungen 105
Direktverbindung zum Weltall – Das ESOC 106
Auf Satellitenjagd – Weltraumschrott 107
Stadt mit 15 Schwestern – Städtepartnerschaften 108
Außenstelle in Polen – Schwesterstadt Plock 109
Neue Antworten auf eine alte Frage – Das Helmholtzzentrum 109
Ganz in seinem Element – Das Darmstadtium 110
Zweimal Darmstadt – Namensvettern in den USA 111

Darmstadt
KRIMINELL

HIER FLIESST PAPIERBLUT —
DARMSTÄDTER KRIMIS

Wenn Darmstadts Krimiautoren einen neuen Mord planen, suchen sie sich als erstes einen geeigneten Tatort zwischen den Stadtteilen Wixhausen im Norden und Eberstadt im Süden aus. Soll ein bestimmtes Viertel im Mittelpunkt stehen? Ein besonderes Gebäude oder ein historisches Ereignis? Themen gibt es zur Genüge. Fast jedes Jahr kommt – tatatata – ein neuer Regionalkrimi in die Buchhandlungen, und die fleißigen Autoren, sechs an der Zahl, überbieten sich an raffinierten Einfällen und gewitzten Ermittlern.

Gäbe es einen Stadtplan mit allen Tatorten der bisher erfundenen Verbrechen, wäre er mit fast 50 Kreuzchen übersät. Die Schreibtischtäter lassen ihre erfundenen Bösewichte in der Stadtkirche, im Kongresszentrum Darmstadtium, im

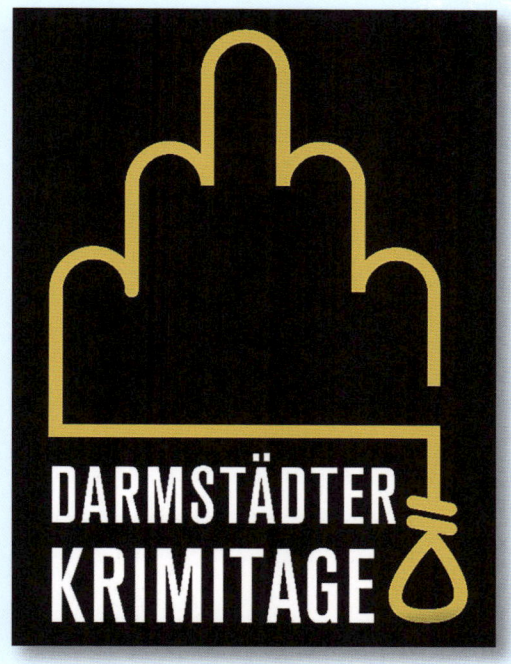

Jugendstilbad oder auch in den Katakomben unter dem Biergarten in der Dieburger Straße schießen, stechen oder würgen. Oder sie ertränken ihre armen Opfer im Naturbadesee Großer Woog. Mit den Regionalkrimis als Stadtführer kann man die viertgrößte hessische Großstadt kennenlernen, ohne einen Fuß vor die Tür zu setzen. Besonders akribische Leser legen einen Stadtplan neben das Buch und verfolgen die Handlung von Straße zu Straße. Michael Kibler, der Spitzenreiter unter den lokalen Thrillerautoren, bietet sogar Spaziergänge zu seinen Tatorten an. Denn was kann erregender sein als die Vorstellung fiktiver Verbrechen an realen Orten? Und die Bessunger Buchhandlung lädt jährlich zu den „Darmstädter Krimitagen" ein.

Es fließt also viel literarisches Blut in der Wissenschaftsstadt, aber keine Angst: Darmstadt gilt als Hessens sicherste Großstadt.

LIEBIG LÖST DAS RÄTSEL – DER TOD DER EMILIE VON GÖRLITZ

Ein zunächst rätselhaftes Verbrechen hat seinerzeit über Darmstadt hinaus große Aufmerksamkeit erregt. Am Abend des 13. Juni 1847 drang aus den Fenstern des Hauses Neckarstraße 17 dichter Qualm. Teppiche und Möbel brannten.

Justus Liebig löste das Rätsel um den Tod der Emilie von Görlitz.

Man brach die verschlossenen (!) Türen auf und fand die Leiche der reichen Gräfin Emilie von Görlitz halb verkohlt vor. Hatte sich der Leichnam etwa selbst entzündet? War das physikalisch überhaupt möglich? Um Klarheit zu schaffen, wurden Hundeleichen verbrannt. Schließlich bewies der in Darmstadt geborene berühmte Chemiker Justus Liebig, dass es keine Selbstentzündung gegeben haben kann.

Die Auflösung des verzwickten Kriminalfalls soll trotzdem nicht verschwiegen werden: Der Diener war's! Die Gräfin hatte ihn ertappt, als er gerade ihre orientalischen Perlen stehlen wollte. Um die Zeugin aus dem Weg zu räumen, erdrosselte er sie, setzte sie vor ihren Schreibtisch und bedeckte sie mit glühenden Kohlen. Dann ging er und verschloss die Türen. Aber er entging seiner gerechten Strafe nicht.

MISSVERSTÄNDNIS UND MYTHOS –
BURG FRANKENSTEIN

Nach dem Aufstieg zur Burg Frankenstein sind Touristen aus Amerika und England fast ein bisschen enttäuscht. Kein Ungeheuer weit und breit! Nur Ruinen, ein Restaurant und – zugegeben – ein beeindruckender Fernblick. 400 Jahre gehörte die Burg den Herren von Frankenstein, und von keinem ist überliefert, dass er von Gespenstern oder Weißen Frauen heimgesucht wurde. Dennoch eilt der Burg der Ruf voraus, ein gruseliger Ort zu sein. Dieses Missverständnis geht auf die englische Schriftstellerin Mary Shelley zurück, die den Protagonisten ihres 1818 geschriebenen Horrorklassikers „Frankenstein oder der moderne Prometheus" Viktor Frankenstein nannte. Sie schrieb diese Schauergeschichte über den Schöpfer eines künstlichen Menschen übrigens am idyllischen Genfer See. Eine Burg wird in ihrem Buch nicht erwähnt. Und Mary Shelley ist auch nie auf dem Frankenstein gewesen. Soweit die Fakten, ... die dem Mythos schnuppe sind.

Nur noch Ruine: die Burg Frankenstein.

Erbarmen!
Die Kettensäge-
Frau naht.

Hölle auf Erden – Halloween auf Burg Frankenstein

In den siebziger Jahren feierten die in Darmstadt stationierten US-Soldaten erstmals ein schaurig-schönes Halloween-Fest auf der Burg Frankenstein. Das kam bei den Darmstädtern so gut an, dass es seitdem alljährlich wiederholt wird. An drei Wochenenden im Oktober/November ist rund um Ruine und Restaurant die Hölle los. Bis zu 15 000 verkleidete Besucher wollen das Fürchten lernen und gieren nach der unheimlichen Begegnung mit Vampiren, Hexen, Zombies, Aliens, Henkern, Werwölfen und Skeletten. Über 90 als Monster verkleidete Schauspieler treten so überzeugend auf, dass selbst harte Männer im Folterturm um Gnade winseln. Wer beim Anblick einer surrenden, auf ihn zukommenden Kettensäge nicht in Panik ausbricht – der muss von einem anderen Stern gekommen sein.

Darmstadt

BLAUBLÜTIG

DIE WURZELN DER WINDSORS – DAS HAUS MOUNTBATTEN-WINDSOR

Enger als es manchem nationalbewussten Briten lieb sein dürfte, gehören das großherzogliche Darmstädter Haus und die Windsor-Mountbattens zusammen. In ihren jüngeren Jahren haben Queen Elizabeth und ihr Prinzgemahl häufiger ihre Darmstädter Verwandten besucht. Prinz Charles, braungebrannt vom Skifahren, wurde 1993 vom neugierigen Volk in der Darmstädter Stadtkirche bestaunt. Er nahm an einem Festgottesdienst anlässlich des 80. Geburtstages von Prinzessin Margaret von Hessen und bei Rhein teil, der letzten (inzwischen gestorbenen) Hinterbliebenen aus der Linie Hessen-Darmstadt.
Mit Margarets Mann, Prinz Ludwig von Hessen, ist Charles über seinen Vater Prinz Philip Mountbatten, Duke of Edinburgh, sogar zweifach verwandt –

Prinz Charles mit Prinzessin Margaret von Hessen und bei Rhein und ihrem Adoptivsohn
Moritz Landgraf von Hessen.

dank der gemeinsamen Vorfahrin Alice, Prinzessin von England und Irland,
der zweiten Tochter von Queen Victoria von England. Alice, Ehefrau von
Ludwig IV., dem Großherzog von Hessen und bei Rhein, ist nämlich die
Urgroßmutter von Prinz Philip und die Großmutter von Prinz Ludwig.
Außerdem war Prinz Philips Schwester Cäcilie mit einem Bruder von Prinz
Ludwig, Georg Donatus von Hessen-Darmstadt, verheiratet. Philips Mutter war
eine von Battenberg. Dieser Name wurde 1917 anglifiziert, denn das Deutsche
Kaiserreich war den Briten verhasst. So wurde aus Battenberg Mountbatten,
und Prinz Charles und seine Geschwister tragen heute den Familiennamen
Mountbatten-Windsor.
Im Zweiten Weltkrieg glaubten viele Darmstädter, die britische Luftwaffe werde
ihre Stadt wegen der engen Beziehungen zum englischen Königshaus von
Angriffen verschonen. Das erwies sich als schrecklicher Irrtum. Luftmarschall
Arthur Harris, Bomber-Harris genannt, ließ die Stadt mit Brand- und Spreng-
bomben systematisch zerstören. Der alte Stadtkern ging in Flammen auf.

„PRINZESSIN SONNENSCHEIN" – ELISABETH VON HESSEN-DARMSTADT

Mit ihren blonden, prachtvollen Haaren und ihren blauen Augen sah die kleine Prinzessin Elisabeth entzückend aus. Sie besaß alles, was man sich als Mädchen nur wünschen kann: einen liebevollen Vater, der ihr jeden Wunsch von den Augen ablas, Spielzeug, niedliche Kleidchen und sogar ein eigenes romantisches Spielhäuschen im Park des Schlosses Wolfsgarten bei Langen. Doch „das Kind

Gedenkstein für das „Prinzesschen".

von Hessen" wurde nur acht Jahre alt. Dank des Gedenksteins von Ludwig Habich, den 10 000 Schulkinder Darmstadts stifteten, ist die 1903 gestorbene „Prinzessin Sonnenschein" bis heute nicht vergessen. Auf dem Stein mit ihrem Medaillonbild am Südausgang des Herrngartens ist eine Schneewittchenszene abgebildet – man munkelte nämlich, das Mädchen sei vergiftet worden.

Elisabeth war die Urenkelin der Queen Victoria und lebte nach der Scheidung ihrer Eltern abwechselnd bei ihrer Mutter Viktoria Melita von Sachsen-Coburg und Gotha und ihrem Vater, dem letzten Großherzog von Darmstadt, Ernst Ludwig. Das Mädchen begleitete den Vater nach Polen, wo er mit dem russischen Zarenpaar Jagdurlaub machen wollte. Dort starb Elisabeth überraschend schnell, vermutlich an Typhus. Der trauernde Vater ließ seinen Liebling in einem Silbersarg und einem Sonderzug nach Darmstadt bringen. Tausende Darmstädter säumten die Straßen, als sich der von sechs Pferden gezogene Wagen mit dem Sarg durch die Stadt auf die Rosenhöhe bewegte. Hartnäckig hielt sich das Gerücht, das Prinzesschen sei versehentlich vergiftet worden: Der Anschlag habe eigentlich Zar Nikolaus II. gegolten.

DiE FALSCHE ANASTASiA —
ANNA ANDERSON

Jahrzehnte vor Charles und Lady Di sog die Regenbogenpresse ihren Honig aus dem Fall Anastasia. Die Akten wurden viele Jahre im Darmstädter Polizeipräsidium aufbewahrt. Eine Frau behauptete 1920 in Berlin, die Zarentochter Anastasia zu sein. Als einziges Mitglied der Zarenfamilie habe sie 1918 das blutige Gemetzel der Bolschewiken im Keller einer Villa von Jekaterinburg überlebt. Lilli Palmer und Ingrid Bergman stellten die Frau in Spielfilmen sympathisch und verletzlich dar.

War sie nun die echte Zarentochter oder die Betrügerin Anna Anderson? Immerhin wusste die Frau erstaunlich gut über europäische Fürstenhäuser Bescheid. Der Darmstädter Großherzog Ernst Ludwig, Onkel der echten Anastasia und Bruder der letzten Zarin, beauftragte einen Kriminaloberwachtmeister, die Wahrheit mit Hilfe zweier Lichtbilder und eines Ohrenvergleichs herauszufinden. Resultat: keine Übereinstimmung. Andere Adelskreise hielten dennoch weiter zu

Sie gab sich als Anastasia aus:
Anna Anderson.

Anna Anderson. „In Sachen Ähnlichkeit mit den Romanows fallen nur die Plattfüße auf", höhnten Antiroyalisten. „Jeder Zoll eine Prinzessin", behauptete dagegen die Regenbogenpresse. Schließlich beendete der Bundesgerichtshof den Prozess im Jahr 1970 mit der Feststellung, dass Anna Anderson nicht Anastasia sei. Sie starb 1984 in Amerika.

HERZ AUF REISEN –
PRINZ GEORG VON HESSEN-DARMSTADT

Die Engländer verehren Prinz Georg von Hessen-Darmstadt (1669–1705), in Darmstadt besser als „Gibraltar Schorsch" bekannt, als einen ihrer Helden. Weil sich der nachgeborene Prinz keine Hoffnung auf die Thronfolge in Hessen-Darmstadt machen durfte, trat er in militärische Dienste und wurde kaiserlicher Feldmarschall und Vizekönig von Katalonien. Während des Spanischen Erbfolgekrieges eroberte er die strategisch wichtige Festung Gibraltar für England und verteidigte sie gegen die Franzosen. Als er im Kampf um das Bergfort Montjuich vor Barcelona starb, sollte sein einbalsamiertes Herz auf Wunsch seines jüngeren Bruders Heinrich in einem Porzellangefäß nach Darmstadt gebracht werden. Doch das Schiff mit der ungewöhnlichen Fracht wurde gekapert, das Herz als Geisel genommen und erst sechs Jahre später gegen 20 französische Seeoffiziere eingetauscht. 1711 traf das Behältnis endlich in Darmstadt ein. Eine silberne Kapsel mit dem Porzellantopf, in dem das weit gereiste Herz des Prinzen auf-bewahrt wird, hängt heute in der Fürstengruft der Stadtkirche. Es trägt eine Inschrift mit den Lebensstationen von „Gibraltar Schorsch."

In der Stadtkirche fand Georgs Herz die letzte Ruhe.

Früher ein Palais, heute ein Kaufhaus.

LUISE UND DAS KAUFHAUS —
KÖNIGIN LUISE VON PREUSSEN

Königin Luise war die Lady Di ihrer Zeit. Die bis zum „Luisen-Kult" gesteigerte Verehrung im Volk hatte sie ihrer Schönheit, ihrer Natürlichkeit und ihrem Mut zu verdanken. Diplomatisches Geschick bewies sie während ihres Vier-Augen-Gesprächs mit dem Preußen-Feind Napoleon, den sie unter Einsatz ihres Charmes um maßvolle Bedingungen für die Friedensverhandlungen von Tilsit bat. Ihre Koketterie imponierte dem Kaiser zwar, hielt ihn jedoch nicht davon ab, in der Sache hart zu bleiben.

„Jungfer Husch", wie Luise als Mädchen genannt wurde, ist am Darmstädter Marktplatz aufgewachsen. Eine am heutigen Kaufhaus Henschel angebrachte Gedenktafel weist auf den Palast hin, der im 18. Jahrhundert an dieser Stelle gestanden hat. Zuletzt gehörte er ihren Großeltern, Landgraf und Landgräfin Georg Wilhelm von Hessen. Von 1786 bis 1793 hat Prinzessin Luise von Mecklenburg-Strelitz (1776 bis 1810), die spätere Königin Luise von Preußen, nach dem frühen Tod ihrer Mutter in diesem großelterlichen Haus gelebt und wurde von ihrer Großmutter ziemlich frei erzogen. Luises Totenmaske befindet sich im Darmstädter Schlossmuseum – nur etwa hundert Meter von der Wohnstätte ihrer Kindheit entfernt.

AKUSTISCHES WAHRZEICHEN –
GLOCKENSPIEL IM RESIDENZSCHLOSS

„Das will ich in meiner Residenzstadt auch haben", entschied Landgraf Ludwig VI., als er in Holland die Melodien eines damals als sensationell geltenden Glockenspiels hörte. Also bestellte er bei der Königlichen Amsterdamer Glockengießerei 28 Glocken. Sie trafen 1671 in Darmstadt ein und wurden in den 39 Meter hohen Turm des Residenzschlosses eingebaut. Von da an erfreuten fromme Weisen Schlossbewohner wie Untertanen. Um Repertoire und Mechanik

kümmerten sich fürstliche Glockendirektoren. Und heute? Die alten Glocken wurden durch neue ersetzt, zwei weitere kamen hinzu, und eine Computersteuerung ermöglicht den reibungslosen Ablauf des Musikprogramms. Zu jeder vollen Stunde erklingt wie zu Landgraf Ludwigs Zeiten ein Kirchenlied und zu jeder halben ein Volkslied. Das Glockenspiel mit seinen 102 Melodien ist das akustische Wahrzeichen Darmstadts.

Zu jeder halben Stunde erklingt ein Lied.

ELLAS LOCKE — ELISABETH VON HESSEN UND BEI RHEIN

Die mittelblonde Haarsträhne im Jugendstilzimmer des Schlossmuseums gehörte einer bildschönen Frau mit einem tragischen Schicksal. „Ella", Prinzessin Elisabeth von Hessen und bei Rhein, hatte den russischen Großfürsten Sergej Alexandrowitsch geheiratet, ihm zuliebe den orthodoxen Glauben angenommen und nach seinem gewaltsamen Tod in Moskau das Martha-und-Maria-Kloster der Barmherzigkeit gegründet. Sie entwarf dafür sogar eine graue Ordenstracht, die sie selber trug. Als Oberin widmete sich „Ella" selbstlos der Armen- und Krankenpflege, was ihr manche Russen bis heute danken. Wie ihre Schwester Alix (Alexandra) und ihr Schwager Zar Nikolaus II. wurde sie von Bolschewiki ermordet. „Ellas" Leichnam wurde nach Jerusalem überführt – die Locke aber blieb in ihrer Geburtsstadt. Seit 1992 hat die Darmstädterin in Russland den Status einer Neu-Heiligen. Ihre Nichte, Alice von Battenberg, Mutter von Prinz Philip, war von ihrer Frömmigkeit beeindruckt und gründete eine Maria-Martha-Schwesternschaft auf der griechischen Insel Tinos.

„Ella", Prinzessin und Märtyrerin.

Madonnenkinder – Erholung in Davos

In den vierziger und fünfziger Jahren ermöglichte ein Gemälde von Hans Holbein dem Jüngeren Nachkriegskindern unbeschwerte Tage in der Schweiz. Das 1526 entstandene Meisterwerk, die „Darmstädter Madonna", gehörte viele Jahrzehnte den Großherzögen von Hessen-Darmstadt. Nach dem Krieg liehen es Prinz Ludwig und seine Frau, Prinzessin Margaret, an das Museum von Basel aus. Zum Dank durften sie jährlich 20 erholungsbedürftige Darmstädter Kinder, bald Madonnenkinder genannt, vier Wochen nach Davos schicken. Die Ferienaufenthalte waren eine Art Gegenleistung der Baseler Stadtverwaltung. Auf dem Bild mit der Schutzmantel-Madonna ist die Familie des Baseler Bürgermeisters Jakob Meyer zum Hasen abgebildet. Jedem Kind gab die Prinzessin eine handsignierte Postkarte mit: „Glückliche Reise und gute Erholung in Davos: Margret."

WO GESCHICHTE WEITERLEBT – DAS DARMSTÄDTER SCHLOSS

Mitten in Darmstadt steht es: das Schloss. Heute dient es nicht mehr einer adeligen Familie als Wohnort, sondern erfüllt unterschiedliche Zwecke. Seit 2005 ist die Technische Universität Eigentümerin des in sechs Jahrhunderten aus einer Wasserburg entstandenen Gebäudekomplexes. Als Darmstadt noch Residenzstadt war, fuhren die Gäste mit der Kutsche ins Schloss. Dort wurde gefeiert, musiziert, diniert, gespielt und getanzt. Das vom letzten Großherzog Ernst Ludwig 1924 gegründete Schlossmuseum ist der einzige Ort in Darmstadt, an dem der Geist der Barockzeit durch Ausstellungen und Führungen noch anschaulich vermittelt wird – manchmal sogar mit Darstellern in historischen Kostümen. Der Keller-Klub im Parforcehof des Schlosses gehört seit 1952 zur Darmstädter

Kulturszene. In den fünfziger bis siebziger Jahren verplauderten dort Künstler, Theaterleute, Literaten und Musiker die Nächte. Zu den „Promis" zählten Günter Grass, Erich Kästner, Alexander Calder und Hans Dieter Hüsch. Wer keinen großen Namen hatte, aber trotzdem mitreden wollte, musste zwei Bürgen aus den Reihen der Vereinsmitglieder finden. Aber das lohnte sich: Live-Konzerte, Theateraufführungen und Ausstellungen im exklusiven feinen Rahmen boten Gesprächsstoff bis in die frühen Morgenstunden. In den späteren Jahren wurden die strengen Regeln gelockert, und Lesungen, Ausstellungen und Konzerte waren für jedermann zugänglich.

Erst vor kurzem ist das Deutsche Polen-Institut ins Schloss eingezogen. Es wurde 1980 von dem Übersetzer Karl Dedecius im Haus Olbrich auf der Mathildenhöhe gegründet, als die Beziehungen zwischen Deutschland und Polen noch sehr angespannt waren. Dedecius gelang es über die Literatur, sich dem Nachbarland freundschaftlich zu nähern. Das gegenseitige Verständnis wird seitdem mit Ausstellungen, Lesungen, Musikveranstaltungen und Kinoprogrammen gefördert. Deutschlandweit einzigartig ist die Spezialbibliothek des Instituts für polnische Literatur und deutsch-polnische Übersetzungen.

Schlossherr ist heute die Universität.

EIN GRABEN WIRD ZUM PARK –
DER SCHLOSSGRABEN

Kein Zugang, nur Wildwuchs, Efeu und Unkraut. Jahrzehntelang blieb der Graben rund ums Darmstädter Schloss sich selbst überlassen. Bis 2012, als seine Eigentümerin, die Technische Universität, seine Sanierung beschloss. Weg mit dem Gestrüpp und den morschen Bäumen! Heute präsentiert sich der Schlossgraben als romantischer Wallgarten mit Sitzecken und Springbrunnen, Hainbuchen und Rosen. Eine Oase mitten in der Stadt, ein neuer Lieblingsort, an dessen Verschönerung viele Bürger beteiligt waren. Sie spendeten Geld für Bäume und Bänke oder packten beim Pflanzen und Roden mit an.

Großherzog Ludwig I. hatte den Schlossgraben 1814 trockenlegen lassen, weil er den Geruch nicht mehr aushalten konnte. Denn der mit Darmbach-Wasser und Abwasser aus der Altstadt gefüllte Graben stank – vor allem im Sommer – entsetzlich. Danach wurde dort ein Demonstrations- und Lehrgarten angelegt – das war der Vorläufer des heutigen Botanischen Gartens an der Schnittspahnstraße.

Der Schlossgraben lädt zum Flanieren und Entspannen ein.

Darmstadt
MEDIAL

KOPFSPRUNG INS STUDENTENLEBEN – DER FILM „DREIZEHN SEMESTER"

„Dreizehn Semester" an der Technischen Universität Darmstadt (TUD) lässt der von März bis Mai 2008 gedrehte deutsche Spielfilm mit dem frechen Untertitel „Der frühe Vogel kann mich mal" Revue passieren. Regisseur Frieder Wittich und Drehbuchschreiber Oliver Ziegenbalg haben darin Episoden und Geschichten aus ihrer eigenen Studentenzeit heiter-flapsig und amüsant-überzogen nacherzählt.

Der Inhalt: Zwei Jugendfreunde aus der Provinz Brandenburg studieren an der TUD Wirtschaftsmathematik und erleben Höhen und Tiefpunkte „zwischen Wodka, Apfelsaft, Weltschmerz und WG-Alltag". Rund 1400 echte Studierende wirkten bei dieser authentischen Komödie als Komparsen mit. Das Filmteam drehte in der Mensa der Hochschule für Angewandte Wissenschaften, in der Universitäts- und Landesbibliothek, im Studentenwohnheim Karlshof und in der Bar der Kammerspiele des Staatstheaters. Auf dem Sprungturm des Badesees Woog spielt sich eine Liebesszene ab, die mit einem Kopfsprung endet.

Vor Beginn der Dreharbeiten hatte Regisseur Frieder Wittich längere Zeit nach einer geeigneten Studentenstadt gesucht, die nicht so unüberschaubar wie Berlin ist. Ein Jahr vor Drehbeginn entdeckte er Darmstadt, den Lernort für inzwischen 46.500 Studierende, und merkte sofort, dass er den idealen Schauplatz für seinen Film gefunden hatte. „Die Stadt war wie für uns gebaut."

„Dreizehn Semester" zwischen Weltschmerz und WG-Alltag.

Die „Drombuschs" bleiben Kult.

„DIESE DROMBUSCHS"
LEBEN WEITER – DER FAN-TREFF

Zu den beliebtesten deutschen Fernseh-Familien gehören „Diese Drombuschs".
Das ZDF hat die erfolgreiche Serie mit den Hauptdarstellern Witta Pohl und
Günter Strack von 1983 bis 1994 ausgestrahlt. Auf Anregung des Darmstädter
Autors, Regisseurs und Schauspielers Robert Stromberger wurden seine Dreh-
bücher über die erfundene Antiquitätenhändler-Familie in Darmstadt und der
näheren Umgebung verfilmt. Seit 2007 hält Bankfachwirt Marco Huber aus
Friesenheim den „Drombusch"-Kult am Leben. Für etwa 50 Fans aus allen Teilen
des Bundesgebiets organisiert er jedes Jahr Wochenend-Treffen im Maritim-
Hotel, der einstigen Unterkunft der Schauspieler. Dazu lädt er immer wieder
andere ehemalige Mitwirkende aus der Serie ein. Während der Busfahrt zu den
alten Aufnahmeorten erzählen die Darsteller den Fans, was sie rund um die
Drehtage erlebt haben. Und die damals engagierten Regisseure erklären mit
nostalgieverklärten Gesichtern das „Making of" der jeweiligen Staffel.

„LILIEN" MIT KAMPFGEIST – DER AUFSTIEG DES FUSSBALLVEREINS

Von den Anfängen des Fußballs in Darmstadt bis zur Gegenwart handelt der 2016 fertiggestellte Film „90 Minuten 98", der mithilfe von Crowdfunding finanziert wurde. 118 Jahre Sport werden auf eineinhalb Stunden konzentriert. Das „Wunder von Bielefeld" im Mai 2014, der sensationelle Sprung von der dritten in die zweite Bundesliga im Relegations-Rückspiel, war erst der Anfang. Ein Jahr später haben die Spieler vom SV 98, dem „größten Bundesliga-Underdog aller Zeiten" und Außenseiter aus Südhessen den (Wieder-)Aufstieg in die erste Bundesliga geschafft. Die „Lilien", wie die 98er genannt werden, bewiesen Team- und Kampfgeist. Noch 2007 war der Verein von Insolvenz bedroht, und es war damals unvorstellbar gewesen, dass der Drittligist jemals wieder erstklassig werden könnte.

2015 gelang den „Lilien" das Unglaubliche: Sie stiegen in die 1. Bundesliga auf.

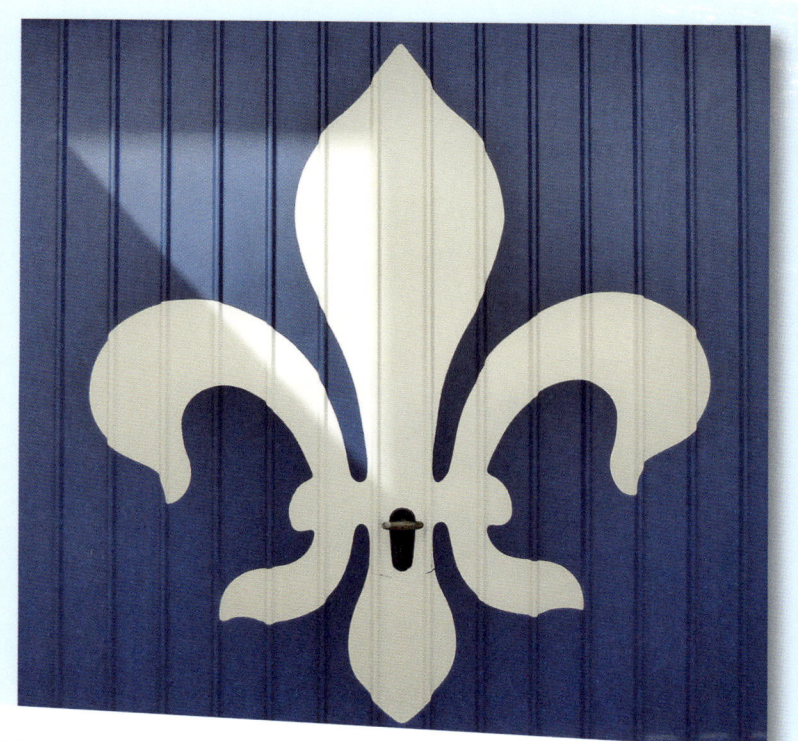

„Lilien" blühen sogar auf Garagentoren.

Blume mit Bedeutung – Der SV Darmstadt 98

Eine silberne Lilie vor blauem Hintergrund ziert den unteren Teil des Darmstädter Stadtwappens. Vermutlich ist die Blume ein Hinweis auf die einstige Patronin der Stadtkirche, die Muttergottes. An der Stelle der heutigen Stadtkirche befand sich nämlich eine Marienkapelle und später die Pfarrkirche „Unserer lieben Frau". Wegen ihrer strahlend weißen Farbe wurde die Lilie zum Symbol der Reinheit und Unschuld der Jungfrau Maria. Wer in Darmstadt von den „Lilien" spricht, meint aber immer die Spieler des Fußballvereins SV 98, dessen Erkennungssymbol, die weiße Lilie, sich aus strahlendem Blau hervorhebt. Fans offenbaren ihre Liebe zum SV 98 mit Lilien-Klebebildchen auf ihrem Auto – oder verzieren ihr Garagentor mit der stilisierten Blume.

Darmstadt

VORBILDLICH

EIN „MENSCH DES RESPEKTS" – JONATHAN HEIMES

Während der Saison 2016/17 trägt das Darmstädter Fußball-Stadion am Böllen-falltor den Namen „Jonathan Heimes". Dass der Rechteinhaber des Stadion-namens – die Merck KGaA – dafür die Zustimmung gab, ist einmalig in der Geschichte der Bundesliga. „Johnny" war ein Tennis-Ausnahmetalent und ein großer Fußballfan. Mit vierzehn wurde bei ihm ein Gehirntumor festgestellt. Als er nach langer Behandlung glaubte, endlich vom Krebs geheilt zu sein und ein normales Leben anfangen zu können, kehrte die Krankheit mit aller Wucht zurück. „Johnny", inzwischen auf den Rollstuhl angewiesen, ließ sich nicht unterkriegen. In seinem beeindruckenden Buch „Comebacks – meine Leben" schildert er mit Humor und Zuversicht seinen Kampf gegen den Krebs.

Zur Unterstützung der Sporttherapie an der Kinderkrebsklinik des Frankfurter Uniklinikums gründete er die Initiative „Du musst kämpfen, es ist noch nichts verloren". Mit seinem Mut und Kampfgeist beeindruckte und motivierte Jonathan Heimes die „Lilien"-Mannschaft. Die Spieler des SV 98 trugen Bändchen mit seinem Motto beim Relegationsrückspiel 2014 in Bielefeld und schossen sich in die Zweite Bundesliga. 2014/15 gelang ihnen der Durchmarsch in die Erste Bundesliga.

Den Klassenerhalt im deutschen Fußball-Oberhaus erlebte der „Lilien"-Fan Jonathan Heimes nicht mehr. Er starb am 8. März 2016 nach zwölf Jahren Kampf gegen den Krebs im Alter von 26 Jahren. Inzwischen wurden über 170 000 Motivationsbändchen verkauft, und jedes Kind, das neu in der

Unvergessen: Jonathan Heimes.

Kinderkrebsstation der Frankfurter Uniklinik aufgenommen wird, erhält einen solchen Mutmacher. Ein Graffito am Stadion erinnern an den außergewöhnlichen jungen Mann, der niemals aufgeben wollte. Die Hessische Landesregierung ehrte ihn posthum als einen „Mensch des Respekts".

Das Alice-Hospital würdigt seine Namensgeberin.

ALICE UND DIE KRANKENPFLEGE – ALICE VON GROSSBRITANNIEN

Das Alice-Hospital, eines der Darmstädter Krankenhäuser, hält die Erinnerung an Alice Maud Mary von Großbritannien und Irland wach. Die zweite Tochter der englischen Queen Victoria war die Frau des Großherzogs von Hessen und bei Rhein, Ludwig IV. Trotz ihrer zarten Gesundheit kümmerte sich Alice selbstlos um kranke Menschen. Sie war schockiert von den Kriegsverletzungen der

Soldaten und wollte die medizinische Versorgung der Einwohner verbessern. Mit Luise Büchner, der Schwester von Georg Büchner, entwickelte sie das Berufsbild der nicht-konfessionellen Krankenschwester. Von Florence Nightingale beraten, gründete Alice in Darmstadt den „Alice Frauenverein für Krankenpflege", einen der Vorläufer des heutigen Alice-Hospitals. Logo dieses Krankenhauses, das auch auf Tassen und Handtüchern wiederkehrt, ist das stilisierte Brustbild der adeligen, unvergessenen Wohltäterin. Ihr Leitspruch „Wir arbeiten an der Erreichung eines humanen Ziels und können einander nicht entbehren" hängt am Eingangsportal des Krankenhauses.

Alice starb mit nur 35 Jahren, nachdem sie sich bei der Pflege ihrer kranken Kinder mit Diphterie angesteckt hatte. Vielleicht gäbe es ohne sie den Darmstädter Musenhügel Mathildenhöhe nicht, der den Rang eines UNESCO-Weltkulturerbes anstrebt. Sie kam nicht mehr dazu, die von ihr angeregte Künstlerkolonie zu gründen, das blieb ihrem Sohn, Großherzog Ernst Ludwig, vorbehalten.

LAND IN SICHT AM NORDPOL – CARL WEYPRECHT

Wenn vom Franz-Josef-Land in der Arktis die Rede ist, der nördlichsten Landmasse der Erde, fällt der Name des Marineoffiziers, Geophysikers und Polarforschers Carl Weyprecht. Er kam 1838 in Darmstadt zur Welt und besuchte nach dem Gymnasium die Höhere Gewerbeschule, einen Vorläufer der heutigen Technischen Universität. Während der berühmt gewordenen Weyprecht-Payer-Expedition 1872 bis 1874 (Julius Payer hatte das Kommando an Land) wurde das Forschungsschiff „Admiral Tegetthoff" vom Eis umschlossen und zum Pol hin abgetrieben. Der Zufall half der Crew, die Inselgruppe im Nordpolarmeer östlich von Spitzbergen zu entdecken, die nach Österreichs damaligem Kaiser „Franz-Josef-Land" genannt wurde. Sie ist etwa so groß wie Thüringen. Weyprecht war der Kommandant der österreich-ungarischen Expedition und erforschte den Ostteil auf drei Schlittenreisen. Nach ihm wurden später ein Gletscher, ein Fjord, Berge in der Ostantarktis und ein Kap im Osten der Insel Spitzbergen benannt. 130 Briefe Weyprechts an seine Eltern in Bad König werden im Darmstädter Staatsarchiv aufbewahrt. Ein Pappkarton enthält

Aus Darmstadt in die Arktis: Carl Weyprecht.

Schiffslieutenant Weyprecht.

weitere Hinterlassenschaften: Fotos, einen kleinen Anhänger mit einem Felssplitter aus Franz-Josef-Land und ein Taschentuch, das Kaiser Maximilian von Mexiko Weyprecht nach einem Essen geschenkt haben soll. In Darmstadt ist eine Straße nach dem Polarforscher benannt.

VOM „SISSI"-KAISER ZUM ÄTHIOPIEN-HELFER – KARLHEINZ BÖHM

Der Schauspieler Karlheinz Böhm, bekannt geworden durch seine Rolle als Kaiser Franz Joseph in den „Sissi"-Filmen, hatte einen österreichischen Pass. Als Geburtsort war darin allerdings „Darmstadt" eingetragen. Als er auf die Welt kam, war sein Vater Karl Böhm Generalmusikdirektor am damaligen Landestheater (heute: Staatstheater). Zwei Jahre später zog die Familie nach Hamburg. 1983 kehrte der Schauspieler in seine Geburtsstadt zurück, um Spenden für sein Äthiopienhilfe-Projekt einzuwerben. Als erste deutsche Stadt wurde Darmstadt

Mitglied seines Vereins und der späteren Stiftung „Menschen für Menschen".
Die Stadtverwaltung und zahlreiche Schulen unterstützten Böhms humanitäre
Projekte mit Spendenaktionen und Basaren. Häufig besuchte Böhm, später auch
seine äthiopische Frau Almaz, die Schulen, um von den Fortschritten der
Projekte, dem Bau von Schulen, Krankenhäusern, Brunnen und Brücken zu
berichten. Er hatte viel Charisma, und seine Strahl- und Überzeugungskraft
zeigte in Europa ebenso wie in Äthiopien Wirkung. Stets legte er Wert auf
politische Neutralität: „Ich helfe. Punkt." Etwa vier Millionen Menschen wurden
bisher von seiner Stiftung unterstützt. Er erhielt die höchste Auszeichnung, die
der Darmstädter Magistrat zu vergeben hat: den goldenen Ehrenring mit dem
auf Lapislazuli eingravierten Stadtwappen. Böhm ist erst der zweite, der einen
solchen Ring tragen durfte.

Karlheinz Böhm –
ein Mann mit
Überzeugungskraft.

FANTASTISCHES AUS ABFALL

RAUBKATZEN ÜBERALL

ABGEDAMPFT

Darmstadt

EINZIGARTIG

NUR ZUM SELBSTKONSUM – DIE „WATZ"-WEINE

Im 17. Jahrhundert war der südliche Darmstädter Stadtteil Eberstadt als Weinanbauort bekannt. An diese Tradition anknüpfend, sorgt der Eberstädter Bürgerverein dafür, dass hinter dem Mühltalbad auf einer Anbaufläche von 2000 Quadratmeter wieder Reben wachsen. Angepflanzt werden die pilzresistenten Sorten Johanniter (Weißwein), Regent und Cabernet Cortis (Rotwein). Allerdings dürfen die rund 80 Eberstädter Hobby-Winzer ihren Rebensaft namens „Weißer Watz" und „Roter Watz" nicht in den Handel bringen – sondern müssen ihn selbst konsumieren, was sie bestimmt nicht als Strafe empfinden. Der Watz, also ein Eber, ist das Wappentier des Stadtteils. Mit dem Ertrag der rund 1300 Weinstöcke werden jährlich 2000 bis

In Eberstadt wird wieder Wein angebaut.

3000 Liter Wein abgefüllt. Jedem Hobby-Winzer stehen etwa 30 bis 40 Flaschen zu. Auf der Rückseite der Flaschen sind die Namen sämtlicher Beteiligter
abgedruckt – wie im Abspann eines Films.

GOLDSCHNITT UND EDELSTEINE –
DAS GOLDENE BUCH

Herr Reichspräsident, Herr Schriftsteller, verehrte gnädige Frau: Bitte unterschreiben Sie hier! Im Goldenen Buch der Stadt Darmstadt haben sich Hindenburg,
Kästner und die als „schwarze Venus" berühmt gewordene Wagner-Opernsänge-
rin Grace Bumbry verewigt. Goldfarben ist der Seitenschnitt, eindrucksvoll der

mit Edelsteinen verzierte Einband mit Löwe, Krone und Lilie. Mit einem schwungvollen Schnörkel hatte Hindenburg das Gästebuch am 13. November 1925 eröffnet. Inzwischen besteht es aus mehreren Teilen. Botschafter, Schriftsteller, die zur Büchnerpreis-Verleihung gekommen waren, Teilnehmer der Internationalen Ferientage für Neue Musik und polnische Staatsmänner trugen sich ein. Es signierten: Günther Grass, Heinrich Lübke, Peter Handke, Carlo Schmidt, Lionel Hampton, Karlheinz Böhm, Max Frisch und Heinrich Böll. Astrid Lindgren, die literarische Mutter von Pippi Langstrumpf, notierte am 24. Oktober 1971: „Ich bin glücklich hier zu sein." Erich Kästner schrieb 1957: „Vergeßt in keinem Falle, auch dann nicht, wenn vieles mißlingt: Die Gescheiten werden nicht alle! (So unwahrscheinlich das klingt)".

1971 trug sich auch die Schriftstellerin Astrid Lindgren ins Goldene Buch der Stadt ein.

Auf dem Dachboden des Darmstädter Hotels „Traube" fand man 1814 Baupläne vom Kölner Dom.

Spektakulärer Zufallsfund – Pläne vom Kölner Dom

Mit dem Bau des Kölner Doms, einer der größten Kathedralen im gotischen Baustil, war zwar schon im 13. Jahrhundert begonnen worden, aber fertiggestellt wurde er erst 1880. Über 600 Jahre war er eine Baustelle. Vielleicht wäre er bis heute unvollendet oder sähe anders aus, wenn ein Polier namens Fuhrer nicht auf dem Dachboden des ehemaligen Darmstädter Hotels „Traube" verschollene Baupläne entdeckt hätte. Während der Invasion der französischen Revolutionstruppen waren die 20 aneinandergeklebten Pergamente mit dem Westfassadenplan nämlich aus Köln verschwunden. 1814 wurde in der „Traube", dem ältesten Gasthof der Stadt, ein Fest für Kriegsheimkehrer vorbereitet und das ganze Haus vom Keller bis zum Dachboden auf Vordermann gebracht. Dabei stieß Fuhrer auf fünf gerollte Blätter mit Zeichnungen aus dem Jahr 1280. Sie wurden Oberbaurat Georg Moller zur Begutachtung vorgelegt. Dieser erkannte ihre Bedeutung sofort. Doch die Fassadenpläne waren nicht ganz vollständig, und Moller ruhte nicht eher, bis auch der fehlende Teil nach langen Recherchen gefunden war – in Paris. 1840 konnten schließlich alle Fragmente zusammengefügt werden, und dem Weiterbau des Doms stand nichts mehr im Wege.

SAHNEHÄUBCHEN AUF DEM KOPF – HÜTE VON SUSANNE SCHMITT

Wenn sich eine Darmstädterin etwas Gutes gönnen will, lässt sie sich von Susanne Schmitt einen Hut anfertigen. Seit 2005 verkauft die Designerin ihre witzigen Kopfbedeckungen in ihrem Atelier-Geschäft im Martinsviertel, das sie von einem Metzger namens Schmidt übernommen hatte. Jährlich bietet sie unter dem Label „Schmitthut" zwei Kollektionen an. Am „Sahnehäubchen", dessen eigenwillige Form an Sprühsahne erinnert, können ihre Kundinnen einander schon von weitem erkennen. „Ein Hut ist eine Botschaft für den Himmel", sagt Susanne Schmitt. Sie gibt ihren Modellen Namen wie Peter, Puck, Frau Antje oder Lukas – weil sie einen unverwechselbaren Charakter haben. Ihre Werkstatt wird im Deutschen Manufakturen-Führer zu den schönsten handwerklichen Produktionsstätten Deutschlands gezählt. Die ideenreiche Modistin hat auch

Darmstadts öffentlichen Raum verschönt: Dem Großherzog auf dem Reiterdenkmal verpasste sie während einer Kunstaktion einen Hut, und im Herrngarten betonte sie mit Farbe die hutähnliche Form der Lampen.

„Sahnehäubchen"-Hutkreation von Susanne Schmitt.

Theater fürs Wohnzimmer.

KLEINE BÜHNEN AUS PAPIER –
DAS PAPIERTHEATERMUSEUM

Papiertheater durften ab der zweiten Hälfte des 19. Jahrhunderts in keinem gutbürgerlichen Haushalt fehlen. Die preiswerten Bühnen, ausgeschnitten aus bedruckten Ausschneidebögen und mit Karton verstärkt, dienten der Vorbereitung eines festlichen Theaterbesuchs und der kulturellen Bildung der Kinder. Die Buben und Mädchen wurden mit Märchen, aber auch der Handlung von „Freischütz", „Die Räuber" oder „Zauberflöte" vertraut gemacht, bevor sie eine Oper live erleben durften.

Darmstadt besitzt ein Papiertheatermuseum in der Darmstraße 2: Der gebürtige Darmstädter Walter Röhler (1911 bis 1974) schenkte seiner Vaterstadt seine umfangreiche Papiertheatersammlung unter der Bedingung, dass sie in „wenigstens zwei Räumen zu je 20 Quadratmeter" öffentlich zugänglich gemacht wird. Das älteste Papiertheater seiner Sammlung stammt aus dem Jahr 1880, das jüngste von 1963. In Kästen mit gläsernen Türen werden 114 aufgebaute Theater ganz unterschiedlicher Größen aufbewahrt, einige Schätze schlummern sogar noch unausgepackt in Kartons. Einmal in der Woche können die Stubentheater besichtigt werden.

WITZIG VERPACKTE WISSENSCHAFT –
DIE SCIENCE SLAMS

Wissenschaft als vergnügliche Unterhaltung, verbunden mit einem Wettbewerb –
auf diese Idee muss man erst mal kommen. Der Darmstädter Berufsschullehrer
und Poetry-Slammer Alex Dreppec hat den Science Slam auf den Weg gebracht.
Bei diesem Wettbewerb vermitteln Schüler, Studenten oder Experten in witzigen,
gut verständlichen Zehn-Minuten-Vorträgen wissenschaftliche Erkenntnisse.
Power-Point-Präsentationen und andere Hilfsmittel – sogar Zauberkunststücke
– sind erlaubt. Mit der Stärke des Beifalls entscheidet das Publikum, welcher
Slammer den Sieg davontragen soll. Der weltweit erste Wissenschafts-Wettstreit
wurde am 29. September 2006 im studentischen Kulturzentrum „603 qm" in der
ehemaligen Stoeferle-Halle in der Alexanderstraße ausgetragen. Inzwischen gibt
es Science Slams im ganzen Bundesgebiet und im Ausland, und seit 2010
werden sogar deutsche Meisterschaften ausgetragen. Die Autorin des Bestsellers
„Darm mit Charme", Giulia Enders, hat als Science Slammerin angefangen.

Poetry-Slammer
und Science-
Slam-Erfinder
Alex Dreppec.

FANTASTISCHES AUS ABFALL – DER VEREIN UBUNTU

Woll- und Stoffreste, Plastik oder leere Flaschen: Alles, was üblicherweise in die Tonnen wandert, wird bei „Ubuntu", im Haus der Künste, kreativ recycled. Der Verein „Ubuntu" („Menschlichkeit" in der Sprache der Zulu) inspiriert Kinder und Erwachsene in seinem kleinen Laden im Martinsviertel, aus gespendeten Materialien Neues zu entwickeln. Aus Abfällen entstehen Wunschmaschinen, fliegende Schiffe, Hühnerstallboote oder

Puppe aus Reststoffen.

Luftschlösser. Ein Stecker wird zur Nase, ein geknickter Kronkorken zum Mund. Alles ist möglich. Mit einem Kleinbus, dem „reisenden Haus der Materialien", besuchen „Ubuntu"-Mitglieder Kitas und öffentliche Einrichtungen und eröffnen den Kindern fantastische Welten.

RAUBKATZEN ÜBERALL – DARMSTADTS LÖWEN

Wenn alle Löwen von Darmstadt auf einmal losbrüllen würden, wäre das Riesengeschrei nicht auszuhalten. Etwa vierhundert Darstellungen des Wüstenkönigs wurden zwischen Wixhausen und Eberstadt gezählt, darunter Denkmäler und Stadtwappen mit dem halben Löwen. Hinzu kommen Verzierungen an Wohnhäusern, Brunnen, Schulen und Mosaiken. Kenner unterscheiden zwischen dem

Hessischen Löwen, dem Katzenelen-
bogener Löwen und dem Löwen von
Brabant. Zu den schönsten gehören zwei
Exemplare aus Bronze, die das Landes-
museum bewachen. Kinder nutzen sie
als Reittiere und polieren sie mit ihren
Hosen. Die von Heinrich Jobst 1906
geschaffenen Museums-Wächter
würdigte Philipp Weber 1926 mit diesem
Gedicht:
„Dort stehn zwaa Viehscher unverwandt
Die halde stets bei Tag und Nachd
Da vorm Museum treulich Wacht.
Unn uff dem zahme Lewevieh
Do mache die Heiner Rutschpartie."

Bronzelöwe vor dem Landesmuseum.

ABGEDAMPFT –
DAS BIER DER DARMSTÄDTER

Von den 27 privaten Brauereien, die Darmstadt im 19. Jahrhundert mit dem
flüssigen Brot versorgt haben, wagten nach dem Zweiten Weltkrieg sechs einen
Neuanfang. Doch nur eine ist auch heute noch erfolgreich: die Darmstädter
Privatbrauerei Wilhelm Rummel GmbH und Co. KG. Ihre Geschichte beginnt im
Jahr 1847: Metzgermeister und Bierbrauer Jacob Rummel eröffnete eine Haus-
brauerei und Gastwirtschaft und nannte sie „Zur Eisenbahn", weil sie unweit der
Main-Neckar-Bahn lag. Die Eisenbahnarbeiter wurden seine Stammgäste.
Abends standen Kinder mit Literkrügen Schlange, um den Gerstensaft für ihre
Väter abzuholen.
Heute ist die Darmstädter Privatbrauerei die größte Brauerei der Stadt, wird in
der sechsten Brauer-Generation geführt und produziert vierzehn Biersorten oder
Biermischgetränke, die meisten unter der neuen Bezeichnung „Braustüb'l –
Darmstädter Braukunst". Die Lokomotive auf dem Etikett, „Rummel-Lok" genannt,
gibt's nicht mehr. Sie ist einfach abgedampft…

Darmstadt

KOMMUNIKATIV

KOMMT ALLE —
DAS HEINERFEST

„Kommt alle" locken Plakate an jedem ersten Juli-Wochenende. Fünf lange Tage wird die Innenstadt von Buden, Karussells und einem Riesenrad beherrscht, und rund ums Schloss bewegen sich die Menschenmassen nur schrittweise vorwärts. Kein Darmstädter kann sich dem Heinerfest entziehen. Mit über 200 Schaustellern und etwa 700 000 Besuchern zählt es heute zu den größten Innenstadtfesten Deutschlands. Um die Organisation kümmert sich der Verein Darmstädter Heiner, der etwa 400 Mitglieder hat.

Das erste Heinerfest wurde am 29. Juni 1951 in einer Trümmerlandschaft rund um das im Krieg zerstörte Schloss gefeiert. Ein Volksfest sollte die leidgeprüften Bürger auf erfreuliche Gedanken bringen. Beim ersten Heinerfest gab es

Beim Heinerfest wird die Innenstadt zum Rummelplatz.

viel Wirbel um ein 21 Tage altes Baby. Der Junge war nämlich der 100 000ste Einwohner und hat Darmstadt wieder zur Großstadt gemacht.

WIE MAN EINER WIRD –
DIE HEINER

Wer in Darmstadt geboren, mit Wasser aus dem Innenstadt-Badesee Woog getauft ist, zudem noch den Dialekt, das „Heinerdaitsch", beherrscht, darf sich Heiner nennen. Woher kommt diese Bezeichnung? War Heinrich früher der beliebteste oder häufigste Bubenname? Wahrscheinlicher ist, dass Heiner von „Heuna" (Hüne oder Hunne) abgeleitet wurde. So nannte man grobe, gewaltbereite Männer aus der Altstadt. Unklar bleibt, warum sich die abfällig gemeinte Bezeichnung in eine positive verwandelt hat. Ein „Heiner"-Denkmal, geschaffen von dem Bildhauer Christfried Präger, steht vor dem Multi-Media-Haus „Goldene Krone", dem einzigen noch erhaltenen Haus der Altstadt. Dort haben sich die Tagelöhner einst mit Alkohol von ihrem ärmlichen Dasein abgelenkt.

Kenner behaupten, dass es „den Heiner" nur zeitweise gibt – zum Beispiel im Fußballstadion am Böllenfalltor, wenn die Fans des SV 98 „Wir sind Heiner, uns schlägt keiner" anstimmen. Oder während des Heinerfestes, wenn der Heinerfest-Boogie erklingt. Sonst aber fühlen sich die Darmstädter dem Stadtteil, in dem sie wohnen, näher als der Gesamtstadt. „Heiner" können also auch Gaasehenker (Eberstädter), Watzeverddler (Martinsviertler), Lapping (Bessunger), Siedler (Heimstättensiedler) oder Mucker (Arheilger) sein.

Rock und Pop für alle – Das Schlossgrabenfest

Beim jährlichen Schlossgrabenfest spielen 100 Bands, verteilt auf vier Bühnen, 160 Stunden live in der Innenstadt. 1999 wurde das Fest erstmals veranstaltet mit der Absicht, jungen Musikern aus Darmstadt und der Umgebung eine Auftrittsplattform zu bieten. Daraus hat sich Hessens größtes Musikfestival entwickelt. Rund 400 000 Zuhörer lassen sich Ende Mai an vier Tagen rund ums Residenzschloss die Ohren vollsäuseln oder -dröhnen: mit Rock, Pop, Hip-Hop, Partymusik und Poetry Slam. Und alles bei freiem Eintritt.

MUSIK IN DER MASCHINENHALLE – DIE CENTRALSTATION

Als Kulturbetrieb und Veranstaltungsort für Konzerte von Klassik bis Elektro ist die Centralstation im ganzen Rhein-Main-Gebiet bekannt. Ihre frühere Funktion können die Besucherinnen und Besucher dem rustikalen Backsteingebäude, einer der ehemaligen Heag-Hallen, allerdings nicht mehr ansehen: Es war einmal eine Maschinenhalle. 1888 wurde dort das dritte Elektrizitätswerk der Welt (nach New York und Berlin!) in Betrieb genommen. Der Strom war für das Hoftheater, den großherzoglichen Hof und die Straßenlaternen bestimmt.

Hier spielt die Musik.

Das Hoftheater ist jetzt „Haus der Geschichte".

300 JAHRE THEATER –
MOLLERBAU UND STAATSTHEATER

Die Darmstädter lieben ihr Theater – wenn auch nicht unbedingt jede moderne Inszenierung. Opern und Schauspiele werden seit etwa 300 Jahren in Darmstadt aufgeführt. Auf das erste feste Theater Darmstadts aus dem Jahr 1711 folgte 1819 das klassizistische, von Georg Moller entworfene großherzogliche Hoftheater mit fast 2000 Zuschauerplätzen. Nach einem am 24. Oktober 1871 ausgebrochenen Feuer blieben davon nur die Außenmauern erhalten. Um die Brandgefahr zu verringern, wurde das wiederaufgebaute Hoftheater 1888 auf elektrische Beleuchtung umgestellt. Heute dient das Gebäude, das nach seinem Architekten auch Mollerbau genannt wird, als Staats- und Stadtarchiv und „Haus der Geschichte".

Das Staatstheater setzt die Theatertradition Darmstadts fort. Es wurde 1972 auf jenem Grundstück errichtet, auf dem das (im Krieg zerstörte) großherzogliche Neue Palais, die Residenz von Großherzog Ernst Ludwig, gestanden hatte. Weiße Betonkuben umhüllen das Große und das Kleine Haus. Über 200 000 Zuschauer besuchen pro Saison Oper, Schauspiel, Ballett und Kammerspiel.

KLEINE STARS IN DER MANEGE –
DER CIRCUS WALDONI

Einst gehörte das rot-weiß gestreifte Zelt in der Eberstädter Grenzallee der bekannten Zirkusdynastie Althoff. Heute trainieren dort in der Trainingshalle und in Schulhallen wöchentlich 600 Kinder und Jugendliche des Vereins Circus Waldoni. Sie lernen, auf einem Drahtseil zu laufen, zu jonglieren, Saltos zu schlagen, Einrad zu fahren und auf einer rollenden Tonne standhaft zu bleiben.

Akrobatik unter der Zirkuskuppel.

Wer einmal eine ihrer Vorstellungen im Zirkuszelt miterlebt hat, ist überwältigt von der Spielfreude, dem Mut und der Geschicklichkeit der jungen Artisten. In Kindern schlummern ja so viele unvermutete Talente!

Hans-Günter Bartel, Lehrer an der Waldorfschule mit Zusatzausbildung in Zirkuspädagogik und nunmehr Zirkus-Direktor, hat das Waldoni-Projekt 1996 zusammen mit seiner Frau Sigrid auf einem ehemaligen Eberstädter Kasernengelände ins Leben gerufen. Regelmäßiges artistisches Training, Ferienkurse und Fitnessangebote schon ab dem Kindergartenalter kommen auch bildungsbenachteiligten Kindern und Jugendlichen des Stadtteils zugute. Inzwischen ist der eingetragene Verein Circus Waldoni der Träger verschiedener Sozialprojekte. Unter der Zirkuskuppel geht es nicht nur ums Jonglieren, Balancieren und mutige Acts auf dem Hochseil, sondern auch um Teamarbeit, das Entwickeln von Talenten und die Stärkung des Selbstvertrauens. Inzwischen werden die jüngsten „Waldonis" von der ersten Artisten-Generation trainiert. Ein „Waldoni" wurde sogar von einem großen Zirkus engagiert. Wer sein Hobby zum Beruf machen will, kann sich in Masterklassen auf die Prüfung in einer Zirkusschule vorbereiten.

VOM KINO ZUM KABARETT –
DAS HALBNEUN-THEATER

Wie viele Kabarettisten wären wohl an Darmstadt vorbeigefahren, wenn ihnen das Halbneun-Theater nicht Tür und Bühne geöffnet hätte? Seit 1980 machen die bekanntesten Lästermäuler der Nation in dem früheren Kino und ehemaligen Möbellager in der Sandstraße 32 Station. In Schaltjahren erinnert das Halbneun-Theater an seinen ersten Geburtstag und den Taufakt, bei dem Dieter Hildebrandt und Werner Schneyder Pate standen. In dem Kleinkunsttempelchen unter der Regie der Keller-Familie – Jürgen, Heinrich und Alice – hat sich so mancher Nachwuchskünstler den letzten Schliff für den großen Durchbruch geholt. Viele kommen wieder, weil sie die familiäre Atmosphäre des Hauses schätzen. Kleinkunst verbindet, man kennt sich, mag sich, schätzt sich. Die Liste der Stars, die schon Halbneun-Luft geschnuppert haben, ist lang und liest sich wie ein Who is Who des deutschsprachigen Kabaretts.

COMEDY MIT PUPPEN –
DAS KIKERIKI-THEATER

Wer eine Aufführung des Kikeriki-Puppentheaters in der Bessunger „Comedy Hall" sehen will, muss sich Monate vorher um Karten kümmern. Denn die humorvollen bis bissigen Mundartstücke sind im 60- bis 100-Kilometer-Radius rund um Darmstadt bekannt und beliebt. Mit einem selbst gestalteten Hahn im Jeans-Federkleid fing alles an. Roland Hotz, Stückeschreiber, Puppenspieler, Puppen- und Kulissenbauer in einem, gründete 1980 das Puppentheater Kikeriki mit Familienmitgliedern und Freunden. Er überzeugte sie von seiner Idee, den guten alten Kasper in modische Jeanshosen zu stecken und einer neuen Kindergeneration ans Herz zu legen. Bald kamen Stücke für Erwachsene hinzu. Die Kunde von dem erfrischend derben Witz der mundartlichen Sprüche, die Hotz seinen selbst gebauten Puppen ins Maul legt, verbreitete sich rasch. Das Kikeriki-Ensemble verdankt sein treues, bunt gemischtes Publikum zwischen sechs und achtzig Jahren fast ausschließlich der Mundpropaganda. Am 1. März 1996 eröffnete Hotz sein eigenes Theater, die „Comedy Hall", in der ehemaligen Bessunger Turnhalle. Dort haben die Zuschauer seitdem ihren Spaß an „Erwins Schweineleben", „Nosferatu – Ironie des Grauens" oder „Siegfrieds Nibelungenentzündung". Hätte Hotz seit 1996 für jeden Lacher im Publikum einen Euro bekommen, wäre er heute mehrfacher Millionär.

Kikeriki: Der Hahn, der gute Laune macht.

Darmstadt

HERVOR-RAGEND

BILDERBUCH IM XXL-FORMAT – FASSADENKUNST

Die fensterlose Außenwand des Hauses Liebfrauenstraße 41 ähnelt einem riesigen, aufgeschlagenen Bilderbuch. Abgebildet sind siebzig Menschen, Erwachsene wie Kinder, die in ihren engen Wohnwaben allein sind. Jeder beschäftigt sich mit etwas anderem. Manche turnen, andere brüten oder hauen wütend auf den Putz. Es ist ein Potpourri menschlicher Verhaltensweisen, das Mainzer Studenten des Fachbereichs Kunsterziehung im Jahr 1983 mit 380 Kilo Farbe gestaltet haben. Den Auftrag verdankten sie ihrem Dozenten, dem Darmstädter Architekten Rüdiger Kramm, der den um 1900 errichteten Gebäudekomplex in der Liebfrauenstraße modernisierte. Bis heute regt das Bild Passanten und Anwohner zum Nachdenken über die Mini-Szenen in

Menschen, die in Waben wohnen.

den setzkastenähnlichen Schachteln an – warum verharren die Menschen in ihren Einzelzellen, anstatt die Gemeinschaft zu suchen? Zusammen wären sie weniger allein.

HEIZEN MIT KÖRPERWÄRME –
PASSIVHÄUSER

Kann es so etwas geben: ein Haus ohne Heizkessel und Heizkörper, in dem es im Winter trotzdem mollig warm ist? Wolfgang Feist gründete 1996 das Passivhaus-Institut in Darmstadt und bewies, dass dies keine Utopie ist. Inzwischen gibt es Passivhäuser in Nordschweden, im Mittelmeerraum und in New York. Frankfurt und Heidelberg gelten als Vorreiter, aber im Stadtteil Kranichstein sind die ersten Passivhäuser entstanden. In diesen energieeffizienten, gut gedämmten Gebäuden mit dreifach verglasten Fenstern sorgen „passive Quellen" wie Sonnenwärme, Lüftungswärmerückgewinnung und Körperwärme der Bewohner für eine konstante Innentemperatur. Im Vergleich zu herkömmlichen Häusern werden dabei über 90 Prozent Energie eingespart. In Heizöl umgerechnet, kommt ein Passivhaus im Jahr mit weniger als 1,5 Liter pro Quadratmeter aus.

WOHNEN UNTER GOLDKUPPELN –
DIE WALDSPIRALE

Mit seinen dekorativen Zwiebeltürmchen, Goldkringeln, Spiralen und knubbeligen Keramiksäulen hat der Wiener Künstler Friedensreich Hundertwasser auch die Darmstädter beeindruckt. Jede der 105 Mietwohnungen in der nach seinen Plänen gestalteten zwölfstöckigen Wohnanlage „Waldspirale" ist ein Unikat. Bäume, Baummieter genannt, lugen aus einigen Fensteröffnungen. Im „Begegnungstempel" im Innenhof treffen sich die Mieter auf einen Plausch. Ein Bach sprudelt auf gewundenen Wegen. Auch an die Kinder ist gedacht: Sie haben ihren eigenen Spielplatz. Das Wohnen in dem bunten Märchenschloss hat aber auch einen Nachteil. Seit der Eröffnung der „Waldspirale" im Jahr 2000, einem

halben Jahr nach Hundertwassers Tod, reißen die Pilgerströme der neugierigen Besucher nicht ab. Und das nervt manche Mieter ganz schön.

Pilgerstätte für Hundertwasser-Fans.

DAS HAUS DER „JA"-SAGER–
DAS RATHAUS

„Wo ist eigentlich euer Rathaus?" Diese Frage bringt einen Darmstädter ganz schön in Verlegenheit. Gewiss, da gibt es das rekonstruierte Alte Rathaus am Markt, das 1955 eingeweiht wurde. Aber für die Unterbringung der Verwaltung, selbst für den Sitzungssaal der Stadtverordnetenversammlung, war in diesem

Gebäude nie genug Platz. Deshalb verteilt sich die Administration jetzt auf mehrere unauffällige Stadthäuser. Das Gebäude am Marktplatz erfüllt zumindest zwei Grundvoraussetzungen für ein ordentliches Rathaus: Es ist fotogen, liegt im Zentrum, dem Schloss gegenüber, und hat sogar einen respektablen Ratskeller. Aber ein Ort der kommunalen Selbstverwaltung ist es nicht. Wer diesen wiederaufgebauten Renaissancebau mit feierlicher Miene betritt – und das sind jährlich rund 800 Paare – hat ein ganz bestimmtes Anliegen. Sie wollen „ja" zueinander sagen – vor einem Standesbeamten.

Das Rathaus – auch als Malmotiv beliebt.

EINE FÜR DREI –
DIE NEUE SYNAGOGE

1988 wurde die neue Darmstädter Synagoge, eine architektonische Kombination aus Tradition und Moderne, feierlich eingeweiht. Die Stadt finanzierte den Neubau des jüdischen Gotteshauses, nachdem der Stadtverordnete Rüdiger Breuer mit seinem Antrag den Anstoß dafür gegeben hatte. Er vertrat die Ansicht, dass die Stadt der jüdischen Gemeinde endlich das zurückgeben sollte, was die Darmstädter ihr am 9. November 1938, der Reichspogromnacht, genommen hatten. Eine Bürgerinitiative spendete Geld für die zwölf Glasfenster, mit deren Gestaltung der englische Künstler Brian Clarke beauftragt wurde. Der berühmte Geiger Yehudi Menuhin unterstützte ihr Anliegen mit einem Benefizkonzert. Bei der Einweihung des Neubaus sagte der damalige Oberbürgermeister

Die neue Darmstädter Synagoge.

von Darmstadt in Erinnerung an die Reichspogromnacht: „Danken Sie nicht! Wir haben die drei Synagogen in dieser Stadt zerstört. Heute geben wir der jüdischen Gemeinde eine neue Synagoge zurück."

BEI DER „KRONEN-EMMA" —
DAS KULTHAUS „GOLDENE KRONE"

Wer in der „Goldenen Krone" nie die Nacht zum Tag gemacht hat, war nie richtig jung. Das Traditionsgasthaus mit der Multikulturfunktion ist die fast täglich geöffnete zweite Heimat für alle Erlebnishungrigen: unten Kneipe, Talentbühne und Disco, oben Bühne, Fernsehraum, Kino und „Rocky Bar" mit Billardtisch. Als einziges Haus des alten Stadtzentrums blieb das 350 Jahre alte Gebäude vom Bombenkrieg verschont. Ab 1975 erlebte es als Multikulturzentrum eine Wiedergeburt. In den Anfangsjahren traten Bands auf, die später Berühmtheit erlangten. Wenn es mal gerade keine Live-Acts gibt, wird geflippert, getanzt und geklönt. Der Künstler Claudius Posch entwarf das Logo des Kulthauses, ein von

Darmstadts Mona Lisa.

dunklen Haaren umrahmtes Frauen-
gesicht, genannt „Kronen-Emma"
oder „Mona Lisa von Darmstadt".

Posthume Ehrung eines Türstehers.

Wir sind alle Heiner ... – Der Fred-Hill-Weg

Nach dem legendären Türsteher der „Goldenen Krone", Fred Hill, einem Koreakriegs-Veteranen aus Amerika, wurde ein Sträßchen nahe der ehemaligen Lincoln-Siedlung benannt. Er war das von allen respektierte „Kron(e)juwel". Mit seiner unnachahmlichen North-Carolina-hessi-schen-Boogie-Blues Stimme sang er die Heinerfest-Hymne: „Wir sind alle ein Heiner – unn isch bin aach einer."

LAUFEN, LAUFEN, LAUFEN – DIE LAUFGRUPPE

Das Wunder ereignet sich montags, donnerstags und samstags. Innerhalb weniger Minuten nähern sich von allen Seiten bis zu dreihundert sportlich gekleidete Menschen dem Parkdeck der Technischen Universität an der Licht-wiese und sortieren sich in eine Laufgruppe ein. Unter der Leitung eines ehren-amtlichen Gruppenbetreuers oder einer Betreuerin durchqueren sie eine Stunde lang joggend oder walkend den Wald. Die besten Sprinter legen in dieser Zeit eine Wegstrecke von 13 Kilometern zurück, Anfänger schaffen 5,5 Kilometer. Das 1974 gestartete Lauf-Projekt entwickelte sich zu einem der größten Lauf-treffs in Deutschland, es funktioniert ehrenamtlich und ist unkompliziert. Jeder kann jederzeit ohne Anmeldung mitmachen, jedes sportliche Niveau ist vertre-ten. Im Winter wird auch im Dunkeln und bei Schnee gelaufen. Dann gilt die Kleidervorschrift „weißer Anorak", damit man einander im Wald vor lauter Bäumen erkennen kann.

WO PRINZEN URLAUB MACHTEN – DER PRINZ-GEORG-GARTEN

Welch ein Kontrast! Neben dem Herrngarten im Stil eines englischen Land-
schaftsgartens liegt der kleine, zauberhafte Prinz-Georg-Garten. Diese Barockan-
lage aus dem 18. Jahrhundert ist nach dem Lieblingssohn von Landgraf Ludwig
VIII. von Hessen-Darmstadt benannt. Beete und Wege wirken wie mit Lineal und
Zirkel gezogen. Hier, zwischen Porzellanschlösschen (auch Prinz-Georg-Palais
genannt) und Prettlackschem Gartenhaus, hat der Garten Eden seine Darmstädter Filiale mit Sonnenuhren und Springbrunnen eröffnet. Einzigartig ist das
Nebeneinander von Gemüse – das hier auch verkauft wird – und Blumen.
Landgraf Ludwig VIII. hatte das Grundstück seinem Sohn Prinz Georg-Wilhelm
geschenkt, der daraus eine Sommerresidenz machte. Vor über 300 Jahren
erholten sich zwischen Zier- und Nutzbeeten, Salat, Schnittlauch und Wandel-
röschen Prinzen, Kabinettsmitglieder, Adlige und Militärs vom steifen Hofzere-
moniell. Man vertrieb sich die Zeit bei Vorführungen im kleinen Heckentheater

Barockfest im
Prinz-Georg-Garten.

und nahm im Teehäuschen Erfrischungen zu sich. Abends kehrten die Ausflügler ins Schloss oder in ihre Wohnhäuser zurück. Seit 1908 ist die großherzogliche Porzellansammlung im Palais untergebracht.

Manchmal, bei Sommerfesten, flanieren Männer und Frauen in authentischen Barock-Kostümen durch den Garten, fächeln sich Luft zu, spielen Ball und tun so, als ob Prinz Georg gleich um die Ecke käme.

Orangenbäumchen als Fassadenschmuck.

Bücher für alle –
Das Prettlacksche Gartenhaus

Das nach dem Generalleutnant Rudolf von Prettlack (1667 bis 1738) benannte Gartenhaus im Prinz-Georg-Garten sieht noch genauso aus wie im 18. und 19. Jahrhundert. Die floralen Fresken und aufgemalten Orangenbäumchen in vorgetäuschten Nischen wurden nach einer Vorlage aus dem Jahr 1841 rekonstruiert, die von dem Theatermaler Ernst August Schnittspahn stammte. Heute ist das Prettlacksche Gartenhaus Darmstadts größte offene, stets gut gefüllte und gut sortierte Bibliothek. Jeder kann sich Bücher mitnehmen, sollte aber auch für Nachschub sorgen. Bei schönem Wetter lassen sich die Bücherfreunde auf einer der vielen Bänke nieder, um sich in ihre neue Lektüre zu vertiefen und dabei das Gartenambiente zu genießen.

Darmstadt

NATUR-VERBUNDEN

BELIEBTE KÜHLANSTALT –
DER WOOG

Darmstadt gehört zu den seltenen Städten mit einem Naturfreibad in der Innenstadt. Georg I. von Hessen-Darmstadt ließ den Woog (Begriff für ein stehendes Gewässer) als Fischteich anlegen, Schwimmbäder waren zu seiner Zeit noch nicht so gefragt. Heute kühlt der sechs Hektar große gute, alte Woog im Sommer sonnenverbrannte Haut und erhitzte Gemüter. In der Vor-Kühlschrank-Ära war er auch für die Kühlung des Biers zuständig. Mithilfe der im Winter herausgeschlagenen Eisblöcke konnte die Temperatur in den Bierkellern konstant auf 4 Grad Celsius gehalten werden.

Die Badevorschriften von damals muten heute kurios an. Wer kann sich noch die strikte Aufteilung zwischen Männerbad, Frauenbad, Militärbad, Familienbad

Hineinspringen – und sich wohlfühlen.

und „Flöhbad" für die Kinder vorstellen? Die kleinen Heiner hielten sich mit luftgefüllten Schweinsblasen und alten Maggibüchsen über Wasser. In ihren besten Zeiten waren die Umkleidekabinen mit einem farbigen Fries aus Jugendstilornamenten geschmückt und erinnerten an ein feudales Seebad.

Und heute? Da zählt nur noch das Vergnügen und nicht mehr der schöne Schein. Im Sommer genießen es Menschen, Enten und Fische in friedlicher Koexistenz, ihre – nicht durch Schwimmbahnen eingeengten – Kreise durch das naturtrübe Wasser zu ziehen.

Die Schlammbeißer – Schwimmen erhält jung

Wenn die Badesaison zu Ende geht, lassen es sich die etwa 65 abgehärteten „Schlammbeißer" trotz der gesunkenen Wassertemperatur nicht nehmen, noch einmal ins kalte Nass zu springen. Die meist grauhaarigen Frauen und Männer absolvieren im Sommer mit eiserner Disziplin fast täglich in aller Herrgottsfrühe ihr Schwimmpensum, bevor die Massen anrücken. Die 1911 von Rentnern und Honoratioren gegründete Schwimmgruppe hieß zunächst „Die Wasserratten". Erst nach dem Zweiten Weltkrieg legte sie sich den Namen Schlammbeißer zu. So heißt ein Fisch, der in Tümpeln und Sümpfen lebt. Im Woog wurden bisher aber nur menschliche Schlammbeißer gesichtet.

GOETHE UND DIE EMPFINDSAMEN –
AM HERRGOTTSBERG

Für Johann Wolfgang Goethe war Darmstadt eine „ebne staubige Stadt". Der Frankfurter besuchte die Residenzstadt manchmal zu Fuß – daher sein Spitzname „Wanderer" – und später mit der Kutsche. Ab 1772 war er oft bei dem acht Jahre älteren Johann Heinrich Merck zu Gast, der Kriegsrat und Berater am landgräflichen Hof war und Goethes Karriere förderte. Durch ihn lernte der Dichter sensible Hofdamen und junge Schwärmer kennen, die sich den steifen Benimmregeln des Hofes so oft wie möglich entzogen. Denn am Hofe durfte man laut Merck alles haben – nur keine Gefühle.

Der Kreis der „Empfindsamen" um Goethe traf sich am Herrgottsberg, einer laut Johann Gottfried Herder „melancholischen Zaubergegend". Man plauderte, träumte, las und dichtete. „Hier bin ich Mensch, hier darf ich's sein", jubelte nicht nur der Dichterfürst. Auf einem Stein, den der Volksmund Teufelskralle nennt, weil der Satan dort seine Klauenabdrücke hinterlassen haben soll, ist zu lesen: „Hier dichtete Johann Wolfgang Goethe im Mai 1772 im frohen Kreise seiner Darmstädter Freunde und Freundinnen den Felsweihegesang an Psyche". Psyche (Seele) war das Pseudonym für Karoline Flachsland, die spätere Ehefrau von Johann Gottfried Herder. Sie galt als die eigentliche Entdeckerin der romantischen Landschaft.

Der in einen Felsen gehauene, noch immer sichtbare Buchstabe G. ist nicht auf Goethe gemünzt, was viele Spaziergänger irrtümlich annehmen, sondern auf Georg Gottfried Gervinus (1805 bis 1871), einen der „Göttinger Sieben", zu denen auch die Brüder Grimm gehörten. Die „Zaubergegend" am Herrgottsberg war auch für diesen Historiker und Politiker ein Rückzugs- und Erholungsort.

„LUFTKURORT" IN BESSUNGEN –
DIE LUDWIGSHÖHE

Seit Anfang des 19. Jahrhunderts ist die Ludwigshöhe, Bessungens Hausberg, ein beliebtes Wochenend-Ausflugsziel. Auf historischen Postkarten wird sie sogar als „Luftkurort" gepriesen. Bei guten Wetterbedingungen kann man von der Terrasse aus nicht nur die Skyline von Frankfurt überblicken, sondern auch den regen Flugverkehr über dem Rhein-Main-Flughafen beobachten. Familien mit kleinen Kindern wissen die Kombination von Gastwirtschaft und Spielplatz zu schätzen. Die Großen haben ihre Ruhe und ihre Getränke – und die Kleinen Abwechslung und gute Chancen, neue Spielkameraden zu finden. Wahrzeichen der Ludwigshöhe ist seit 1882 der Ludwigsturm, ein 27,5 Meter hoher Aussichtsturm.

Aussichtsturm auf der Ludwigshöhe.

Eine Sandsteinwendeltreppe führt zur oberen Plattform. Rund um den Turm organisiert die Bürgeraktion Bessungen-Ludwigshöhe ihre beliebten Volksfeste. Wer Ruhe und Kontemplation auf der Ludwigshöhe sucht, findet sie bei dem Bildhauer Joachim Kuhlmann und seiner Frau Elisabeth. Ganz in der Nähe des Turms, auf dem Grundstück einer ehemaligen Militärbaracke, haben sie einen öffentlich zugänglichen Skulpturengarten mit Toskana-Flair angelegt, einen verwunschenen Park mitten im Wald.

Bei Dunkelheit wird die Ludwigshöhe für einen anderen Menschenschlag interessant. Dann öffnet die Volkssternwarte ihre Türen, und Vereinsmitglieder bringen den Besuchern mit Vorträgen, Astronomiekursen und Sternführungen den Himmel näher.

SAND UNTER DEN SOHLEN – DIE ULVENBERG-DÜNE

Wanderdünen können sich zwar im Sande verlaufen, aber in Eberstadt sind sie sesshaft geworden. Und das ist kein (Darmstädter) Flachs! Die in der Eiszeit entstandene Ulvenberg-Düne mit typischer Sandflora gilt als geologische Besonderheit. Kalkreiche Sande aus dem Altneckarbett wurden vor Tausenden von Jahren von Südwestwinden in Richtung des Flüsschens Modau verweht und formten zwei Dünenzüge. Jeder Spaziergänger kann heute in diesem Natur-

schutzgebiet das Saharagefühl unter den Schuhsohlen (oder barfuß) auskosten. Dort wächst auch der blaue, an Glockenblumen erinnernde „Ausdauernde Lein",

Auf der Ulvenberg-Düne.

ein Verwandter der Flachspflanze, aus deren Bastfasergarn Leinen hergestellt wird. Die besondere Sorte „Darmstädter Lein" ist fast ausgestorben und steht auf der Roten Liste der gefährdeten Arten. Daher ist sie streng geschützt.

ÜBER SIEBEN HÜGEL –
DER SIEBEN-HÜGEL-STEIG

Rom wurde auf sieben Hügeln erbaut – und Darmstadt hat ebenfalls sieben Hügel vorzuweisen. Ein rotes S leitet und begleitet die Wanderer auf dem 13 Kilometer langen Sieben-Hügel-Steig. Er führt über die Rosenhöhe zu Dachsberg, Dommerberg, Herrgottsberg, die Ludwigs-höhe und Marienhöhe zum Prinzenberg. Auf dem Dommerberg, dem mit 264 Metern höchsten Punkt der Wanderung, ragt der 26 Meter hohe Bismarckturm empor, den Darmstädter Studenten in Erinnerung an Otto Fürst von Bismarck 1904 bis 1908 aus Basalt-bruchsteinen errichtet haben. Zur Sonnenwendfeier wurde

Das große S zeigt, wo es langgeht.

auf der Turmspitze ein Feuer in einer Schale mit drei Meter Durchmesser entzün-det. 2006 hat die Bundesnetzagentur für Elektrizität, Gas, Telekommunikation und Post den Turm gepachtet.

Rendezvous mit dem Frühling auf der Streuobstwiese.

EBERSTADTS TOSKANA –
PRINZENBERG UND EICHWÄLDCHEN

Blauer Himmel, Obstbäume und Wiesen, dazu das Gesumme der Bienen und Vogelgezwitscher – was will der Spaziergänger mehr? Das 37 Hektar große Flora-Fauna-Habitat-Gebiet „Streuobstwiesen, Prinzenberg und Eichwäldchen" liegt direkt vor der Haustür der Eberstädter. Im Frühjahr erfreuen sie sich am Anblick des weißen Blütenmeeres, im Herbst an den prallen Apfelbäckchen der fast vergessenen Sorten Alexander, Kaiser Wilhelm und Rheinischer Winterrambur. Abgestorbene Bäume heben sich wie schwarze verdrehte Figuren vom satten Wiesengrün ab, in ihren Höhlen nisten Gartenrotschwanz und Wendehals. Ein Viertel aller Wendehals-Paare Hessens sind in diesem Landschaftsmosaik aus Obstbäumen, kleinen Ackerflächen, Mähweiden, Wäldchen und Hecken zu finden. Auf den Weiden grasen Schafe, Esel, Pferde und Rinder – keine Milchkühe, sondern Schlachtvieh, das einem Eberstädter Metzger gehört.

Ein Verein sorgt für die Pflege der Streuobstflächen und finanziert durch den Verkauf von Apfelsaft, Gelees und Obstbränden seine Arbeit. Schafschur-, Honig- und Kelterfeste sind Events für die ganze Familie. Den Kindern wird der Zugang zu diesem besonderen Fleckchen Erde durch Reitangebote, Ferienspiele, einen Naturkindergarten und umweltpädagogische Programme spielerisch eröffnet.

Trinkwasser aus dem Melita-Brunnen.

Teewasser aus der Quelle – Der Melita-Brunnen

Drei Stufen führen zur Quelle des Melita-Brunnens in der Nähe des Eberstädter Prinzenbergs hinab. Das Wasser aus dem Mund eines angedeuteten Kopfes fließt durch ein Gitter und speist den Hetterbach. Die Einfassung aus dem Jahr 1894 erinnert an die Hochzeit von Großherzogin Viktoria Melita von Sachsen-Coburg und Gotha mit Großherzog Ernst Ludwig. Ihre gemeinsame Großmutter Queen Victoria von England hatte die Ehe arrangiert. Nach der Scheidung im Jahr 1901 wurde Melitas Name aus dem Stadtbild entfernt. Dabei wurde das Melita-Brünnchen übersehen, dessen Wasser so rein, weich und wohlschmeckend ist, dass es sich viele Eberstädter und Bessunger mit dem Fahrrad kanisterweise abholen. Tee und Kaffee sollen damit besonders gut schmecken. Wanderer und Spaziergänger füllen am Brunnen gern ihre Trinkflaschen auf.

WIE HOLZKOHLE ENTSTEHT –
DER WALDERLEBNISPFAD

Lust auf einen kleinen Ausflug? Dann hinauf zur Burg Frankenstein. Oben angekommen, beginnt das Abenteuer. Ein Verein hat ab 1998 einen Wald-erlebnispfad angelegt, der zu verschiedenen Ausprobier-Stationen führt. Auf ihre Entdecker warten ein Kräuter-Riech-Garten, ein Jungbrunnen, ein Waldsofa, ein Summstein und andere Überraschungen. Am Schaumeiler wird an bestimmten Tagen die Herstellung von Holzkohle vorgeführt. 100 Kilo Holz sind nötig, um 20 Kilo Holzkohle zu gewinnen. Holzkohle hat eine höhere Temperaturausbeute

Kohlenmeiler auf dem Erlebnispfad.

und brennt ohne Ruß und Rauch. Bis vor 140 Jahren gab es in der Gegend rund um den Frankenstein noch mehrere Kohlenmeiler, aber dann wurde die Holzkohle von der Steinkohle verdrängt.

Steine mit Zauberkraft – Die Magnetsteine

Die Magnetsteine in der Nähe des Frankensteins wurden schon Anfang des 19. Jahrhunderts in einem Physikbuch beschrieben. Angeblich haben ihnen Hexen Zauberkraft verliehen. Wer beim Spaziergang einen Kompass dabei hat, kann die Magnetsteine unter den vielen Felsbrocken ausfindig machen.

VERWUNSCHENER PARK – DER VORTEX-GARTEN

Ermutig vom „Willkommen"-Schild, wagen sich Mathildenhöhe-Touristen in die geheimnisvolle Wildnis von Henry Nolds 1600 Quadratmeter großem Privat-Garten im Prinz-Christians-Weg. Der Hausherr, ein Immobilien-Erbe, nennt ihn „Vortex-Garden", ein Synonym für Wirbel in der Strömungslehre. Der Dschungelpfad ist mit Rindenmulch ausgelegt, der Eierweg mit 108 ovalen Platten aus Jurakalk markiert. Auf Schritt und Tritt entdeckt man rund um eine 1921 erbaute denkmalgeschützte Privatvilla Kunst und Kitsch aus aller Welt, Eiformen und Kornkreiszeichen. Überall plätschert es. Der Hausherr sieht sich in der Tradition der Lebensreformbewegung, vertraut dem Gleichgewicht der Öko-Systeme und fühlt sich der Permakultur und den Idealen von Großherzog Ernst Ludwig verbunden.

Sichtachsen und Buchsbaumbubiköpfe sind ihm ein Gräuel, er erfreut sich an Hecken, Obstbäumen, Bienenstöcken, um die sich ein Imker kümmert, einem Insektenhotel und den staunenden Besuchern. Sein Vortex-Garten, wünscht er sich, soll eine Begegnungsstätte für nachdenkliche Menschen sein.

ZUM ALTEN EISEN

DAS EISENBAHNMUSEUM

MAL DAMPF ABLASSEN

Darmstadt

UNTERWEGS

NOSTALGIE AUF SCHIENEN – IM DATTERICH-EXPRESS

Zurück in die gute, alte Zeit. Bei Sonderfahrten und Events kommt das Fahrgefühl der fünfziger Jahre in den drei Wagen des „Datterich-Express" wieder auf. Sie sind nämlich schmäler gebaut und kürzer als die heutigen Straßenbahnen. Während der Tour auf dem 40 Kilometer langen Gleisnetz können die Fahrgäste an kleinen Tischen essen und trinken. Um Snacks, Glühwein, Sekt oder Bier kümmert sich ein Catering-Unternehmen.

Der Triebwagen nahm 1954 erstmals Fahrt auf, die beiden Beiwagen stammen aus den Jahren 1951 und 1955. Ihren Namen verdankt die nostalgische Straßenbahn dem Protagonisten der Lokalposse „Datterich". Außen ist sie mit „Datterich"-Sprüchen und Schattenrissfiguren des Grafikers Hermann Pfeiffer verziert,

Auf Sonderfahrt mit einer Straßenbahn aus den fünfziger Jahren.

die sich auf Episoden aus dem Mundartstück beziehen. Nostalgie hin oder her –
auf etwas kann der Mann im Führerstand doch nicht verzichten: ein GPS-basiertes
System für die Signalanlagen. Es sorgt dafür, dass der „Datterich-Express" auf
seinen Ausflügen in und um Darmstadt freie Fahrt hat. Gebucht wird er zu
besonderen Anlässen von Firmen und Privatleuten.

MAL DAMPF ABLASSEN –
DER FEURIGE ELIAS

Den „Feurigen Elias" hört und riecht man schon, bevor er in Sichtweite ist.
Deutschlands einzige Dampfstraßenbahn – Baujahr 1919 – keucht sich wacker
auf der sieben Kilometer langen historischen Strecke Darmstadt-Griesheim voran
und erreicht dabei eine Höchstgeschwindigkeit von 35 Stundenkilometer. Kaum
ist der „Elias" in Sichtweite, da suchen die Fußgänger auch schon nach ihren
Handys, fotografieren, winken und klatschen.

Dampfeisenbahn aus dem Jahr 1919.

Wind zerzaust die Haare der Fahrgäste, und die Sonne brennt durch scheibenlose Fenster auf die Haut. Ein Schild mahnt: „Für Verunreinigungen keine Haftung". Rußteilchen tänzeln über die weiße Bluse. „Trocknen lassen und später abklopfen", rät der Kontrolleur. „Wenn man den Ruß verteilt, wird's kriminell schwer, ihn loszuwerden." Zweimal im Jahr ermöglicht die 1998 gegründete Arbeitsgemeinschaft Historische HEAG-Fahrzeuge das nostalgische Ausflugsvergnügen für Familien aus Darmstadt, dem Ried und der Bergstraße. Auf den Holzbänken der vier Beiwagen können etwa 100 Passagiere Platz nehmen. Und jeder, ob groß oder klein, bekommt einen Lutscher vom Schaffner. Nimmersatt „Elias" muss dagegen mit einer Mischung aus polnischer und walisischer Steinkohle vorlieb nehmen. Eine alljährliche Attraktion sind die historischen Grenzkontrollen, die von Laiendarstellern an einem Schlagbaum nachgestellt werden. Sie erinnern an die Besetzung von Griesheim durch die Franzosen. Ab 1918 mussten sich die deutschen Fahrgäste an der Stadtgrenze von Zöllnern kontrollieren lassen.

ZUM ALTEN EISEN –
DAS EISENBAHNMUSEUM

Die schwarzen, manchmal auch fauchenden Riesen drängen darauf, aus ihrem Depot-Käfig herausgelassen zu werden. Über 200 originale Eisenbahnen ab Baujahr 1887 haben die Darmstädter Eisenbahnfreunde seit 1976 in Fleißarbeit

Die Dampflok „Zuckersusi" ist seit den 1970er-Jahren im Besitz des Eisenbahnmuseums.

im alten Bahnbetriebswerk Kranichstein aufgemöbelt. Es hat sich zu Hessens größtem Eisenbahnmuseum entwickelt und beherbergt nicht nur Lokomotiven und Wagen, sondern auch viel alte Technik. Besucher können die Arbeitsbedingungen der Lokführer früher und heute nachvollziehen. Bei Sonderfahrten dürfen die Loks auf einer fünf Kilometer langen Strecke Dampf ablassen – das klingt wie ein Befreiungsschrei.

Des Schaffners alte Kleider – Uniformen im Wandel der Zeit

Wie waren die Eisenbahnschaffner früher gekleidet? Jedes Detail der Uniform hatte seine Bedeutung. Dass es erhebliche Unterschiede gab, kann man beim Vergleich von 100 Uniformen und Dienstkleidungen aus den Jahren 1918 bis 1949 feststellen. Manche Originale wurden nach langem Tragen ausgemustert, andere Ausstellungsstücke sind nachgeschneidert. Im Museum werden sie von nicht mehr ganz taufrischen Schaufensterpuppen präsentiert.

Darmstadt

HIMMEL-WÄRTS

RIESE MIT AUSBLICK —
DER LANGE LUDWIG

Fünf Meter misst der Lange Ludwig vom Scheitel bis zur Sohle, und dann steht er auch noch auf einem knapp 28 Meter hohen Sandsteinsockel. Er ist unübersehbar, und dieser Effekt war von Baumeister Georg Moller genau geplant. Wer von der Autobahn kommend nach Darmstadt reinfährt, steuert direkt auf ihn zu und erreicht ihn doch nie – weil die Rheinstraße vor dem Riesen einen Kniefall macht und die Autos in den Tunnel verbannt werden. Dem Säulenheiligen mit der Verfassungsrolle in der rechten Hand kann es nie langweilig werden, denn zu seinen Füßen, auf dem belebten Luisenplatz zwischen Regierungspräsidium und Einkaufstempel Luisencenter, ist immer etwas los. Das 1844 eingeweihte Monument stellt Großherzog Ludwig I. (1753 bis 1830) dar, unter dessen

Herrschaft die erste Verfassung für das Großherzogtum Hessen verabschiedet wurde. 1815 schaffte er die Leibeigenschaft der Bauern ab. Ludwig Schwanthaler, von dem auch das Kolossalstandbild der Bavaria auf der Münchner Theresienwiese stammt, hat die Bronzestatue entworfen. Im Inneren der Säule gibt es eine Wendeltreppe mit 172 Stufen, und an besonderen Tagen gewährt der „lange Lui" sogar Audienz. Dann darf man bis zum Balkon zu seinen Füßen aufsteigen und auf einem schmalen Balkon stehend Darmstadt aus seinem Blickwinkel betrachten.

Am Tag der feierlichen Grundsteinlegung, dem 14. Juni 1841, wäre Ludwig 88 Jahre alt geworden. Als das Denkmal für den letzten Landgrafen von Hessen-Darmstadt und ersten Großherzog von Hessen und bei Rhein am 25. August 1844 eingeweiht wurde, erfüllte Glockengeläut die Stadt, und die Kanonen ließen ihn 101-mal hochleben. Seitdem grüßt er sein Volk von oben herab mit etwas müdem Gesichtsausdruck.

Der Lange Ludwig wirft seinen Schatten auf den Luisenplatz.

GRÖSSTE LITFASSSÄULE –
DER WEISSE TURM

Mit dem gutmütigen Weißen Turm, einem Relikt der früheren Stadtbefestigung, lässt sich allerlei anstellen. Voreilig hatten die Darmstädter Stadtväter zwar 1947 den Beschluss gefasst, den Störenfried abreißen zu lassen, weil er den Ausbau der Ernst-Ludwig-Straße zu einer Hauptverkehrsader behinderte. Doch zum Glück gehörte der ehemalige Wehrturm damals dem Land Hessen, das andere Pläne mit ihm hatte. Es ließ ihn restaurieren und mit einer Haube krönen. In den fünfziger Jahren richtete dort der Maler, Grafiker und Karikaturist Hartmuth Pfeil (1893 bis 1962) sein Atelier ein. Dann wurde er als Lager genutzt, und schließlich stand er leer. Ein nutzloses Kleinod in bester Innenstadtlage! Bis sich

Lokalpatrioten und Foto-freunde seiner erbarmten. Seit 1997 ist der Turm eine Fotogalerie und zeitweise Darmstadts größte Litfaß-säule. Mit Werbung für kulturelle Veranstaltungen auf großen Bannern werden die Unterhaltungskosten für das alte Gemäuer finanziert. 123 Turmstufen führen zum obersten Stock. Der Freun-deskreis Weißer Turm nutzt vier Turmebenen als Fotogalerie für etwa fünf Ausstellungen im Jahr.

Die Fotogalerie Weißer Turm.

Er sorgt auch dafür, dass das Baudenkmal zweimal in der Woche öffentlich zugänglich ist. Eine Ebene ist einer Dauerausstellung über die Geschichte des nach Hochzeitsturm und Langem Ludwig dritten Darmstädter Wahrzeichens gewidmet. Den Platz unter der Turmhaube füllen Uhrwerk und Glocken aus.

Herausragend: Das Hauptgebäude der Hochschule Darmstadt.

Das höchste Haus – Die h_da

Das größte Haus der Stadt ist 66 Meter hoch und glänzt im Sonnenschein wie Silber. Es ist das fünfzehnstöckige Hauptgebäude der Hochschule für Angewandte Wissenschaften (h_da), der früheren staatlichen Ingenieurschule. Bei klarem Wetter kann man von der obersten Etage aus bis zum Taunus und nach Frankfurt blicken. Die frisch modernisierte, prägnante Fassade mit den asymmetrisch geformten Aluminiumhauben wurde mit einem Preis ausgezeichnet. Rund 16 000 Studierende haben die Wahl zwischen 61 Studiengängen. Die Mehrzahl entscheidet sich für Informations- und Ingenieurwissenschaften. In der „h_da" wird geforscht und promoviert, werden Drittmittel eingeworben und Auslandsaufenthalte gefördert.

TIERISCH GUT

BEI AFFEN UND TAPIREN –
DAS VIVARIUM

Hier turnen Schopfmakaken, dort flattern Schmetterlinge durch ein künstliches
Tropenreich. Der Tierpark „Zoo Vivarium" im Osten Darmstadts bringt Kindern
und Erwachsenen die Lebensweise von über 200 Tierarten nahe. Auf dem fünf
Hektar großen Gelände leben rund 2000 Tiere in naturnah gestalteten Gehegen,
Terrarien und Aquarien. Mit eigenen Zuchtprogrammen leistet das Vivarium
einen Beitrag zum Artenschutz. Jährlich ist der Tierpark das Ausflugsziel
von etwa 200 000 Besuchern, die Biologie mit allen Sinnen erleben wollen.
Als Publikumsrenner gelten der Streichelzoo mit den afrikanischen Zwergziegen,
das Schmetterlingshaus und die Schaufütterungen bei Nasenbären, Piranhas
oder Tapiren. Diese mit Pferden und Nashörnern verwandten Tiere werden seit

Das Vivarium – seit über 60 Jahren ein Ort der Begegnung von Mensch und Tier.

Das Vivarium – seit über 60 Jahren ein Ort der Begegnung von Mensch und Tier.

1976 im Vivarium gehalten. Auf einem 40 Meter langen dschungelähnlichen Tapir-Erlebnis-Pfad erfahren die Besucher, in welcher Umgebung sich die Tiere wohlfühlen und welche Feinde sie in der Natur haben.

KOLOSS AUS KNOCHEN – DAS MASTODON-SKELETT

Am Mastodon-Skelett im Landesmuseum geht kein Kind achtlos vorüber. Ehrfürchtig betrachtet es den Koloss, der von den Stoßzähnen bis zum Hinterteil 3,70 Meter misst und 2,65 Meter hoch ist. Das Tier hat vor etwa 15 000 Jahren in Nordamerika gelebt. Gefunden wurden die Knochen im Jahr 1801 von dem Porträtmaler Charles Willson Peale im Hudson-River, 90 Kilometer von New York entfernt. Darüber freute sich niemand mehr als Präsident Thomas Jefferson. Denn dieses erste in Nordamerika ausgestellte Skelett eines fossilen Säugetiers bewies ja, dass es in Amerika keineswegs nur „kleinere Tierarten" gegeben hat. Dies hatte ein berühmter Pariser Zoologe den Amerikanern nämlich weismachen wollen. Nach Peales Tod wurde der Fund nach Paris und später nach London verkauft. Ein Darmstädter Paläontologe brachte das Skelett 1854 nach Darmstadt, und inzwischen ist das Mastodon-Exemplar eines der wichtigsten Ausstellungsobjekte im Landesmuseum.

HIER GIBT'S KEINE LILA KÜHE – DAS HOFGUT OBERFELD

Darmstädter Kinder fallen nicht auf die Schokoladenwerbung herein. Sie wissen nämlich, dass Kühe nicht lilafarben sind – selbst wenn sie noch nie Urlaub auf dem Land gemacht haben. Denn das ökologische Hofgut Oberfeld am Stadtrand ist ein „Lernort Bauernhof" mit 100 Kühen, 250 Gänsen, fünf Pferden, sechs Schafen und 1200 Legehühnern und Masthähnen – nicht nur ein Ausflugsziel für Schulklassen, sondern auch ein Lieblingsort vieler Darmstädter. Die Kinder sammeln Eier im Stall ein, helfen beim Füttern, lernen an einer Übungskuh melken und erfahren, wie sie aus Milch Frischkäse herstellen können. Das Hofgut besteht aus Scheune, Schmiede, Milchhäuschen, Bäckerei, Hofladen, Café und einem historischen Gutshaus. 135 Hektar Land umgeben die alten Gebäude. Eine Bürgerinitiative und eine Stiftung entwickelten das vorbildliche Konzept zur Wiederbelebung des Hofguts. Sie haben aus der früheren großherzoglichen Hofmeierei, die schon aufgegeben werden sollte, einen lebendigen Ort der Begegnung gemacht. Nicht nur ökologische Landwirtschaft, auch Pädagogik, Sozialtherapie und Kultur werden hier gefördert. Auf dem Gelände des Hofguts wohnen und arbeiten etwa 50 Menschen mit und ohne Behinderungen. Das ist möglich, weil ihnen Kooperationspartner weitgehende Selbstständigkeit in einem geschützten Rahmen bieten. Bezahlte und ehrenamtliche Mitarbeiterinnen verkaufen im Café und im Hofladen Produkte aus eigenem Anbau, unter anderem 25 Brot- und Gebäcksorten und 30 Milchprodukte.

Glückliche Kühe auf dem Hofgut Oberfeld.

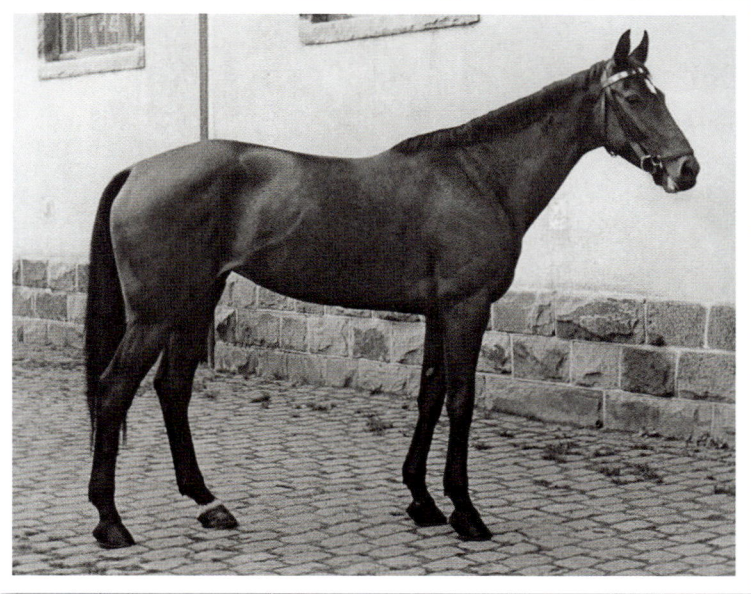

Halla – ein Pferd, das Weltruhm erlangte.

UND HALLA LACHT –
DIE BERÜHMTE STUTE

Sie kam in Darmstadt zur Welt und wurde weltberühmt. Als sie 1979 starb, war dies der „Tagesschau" einen Nachruf wert. Die Rede ist von dem Pferd Halla, dem Hans Günter Winkler viele seiner Siege verdankt. Er nannte sie „eine Mischung aus Genie und irrer Ziege".

Geboren wurde die Stute im Jahr 1945 in der von dem Darmstädter Landwirt Gustav Vierling bewirtschafteten Staatsdomäne Oberfeld. Erst wurde Halla als Rennpferd, dann für das Springreiten ausgebildet. Sie galt als begabt, aber kompliziert – eine Diva auf vier Beinen. 1951 übernahm der aufstrebende Springreiter Hans Günter Winkler die Stute und gewann mit ihr dreimal Olympiagold und insgesamt 125 Springen. Nach 1960, dem Abschluss ihrer Karriere, wurde Halla für die Zucht eingesetzt und brachte noch acht Fohlen zur Welt. Weltweiten Ruhm erlangte sie, als sie am 17. Juni 1956 den unter starken Schmerzen leidenden Hans Günter Winkler fehlerfrei über den Olympiaparcours von Stockholm trug. Er konnte sich gerade noch aufrecht halten, ihr aber keine Anweisungen mehr geben. Mit diesem „berühmtesten Ritt aller Zeiten" gewannen die deutschen Springreiter Gold in der Mannschaftswertung, und Winkler wurde Olympiasieger in der Einzelwertung. Reporter Hans-Heinrich Isenbart kommentierte das Wunder von Stockholm mit dem berühmt gewordenen Satz: „Und Halla lacht, als wüsste sie, um was es geht."

In Warendorf, wo Halla zuletzt lebte, erinnert eine lebensgroße Bronzeskulptur an die Stute aus Darmstadt. Und kein anderes Pferd darf jemals wieder den Namen Halla tragen.

PFERDCHEN AUS DER GRUBE – DAS URPFERDCHEN

Die Grube Messel bei Darmstadt, ein ehemaliger Ölschiefer-Tagebau, ist die Urpferdfundstätte Nummer eins in der Welt. Vor 48 Millionen Jahren, im Eozän, herrschte in dieser Region ein subtropisches Klima, und die kurzhalsigen, kurzbeinigen Huftiere von der Größe eines Foxterriers streiften einzeln oder in kleinen Gruppen durch den Regenwald und suchten Pflanzenfutter. Das Hessische Landesmuseum in Darmstadt ist seit 1966 an den wissenschaftlichen Grabungen in Messel beteiligt und stellt die Fossilien aus. Inzwischen gibt es 63 Urpferd-Funde, und jedes Skelett vermittelt den Wissenschaftlern zusätzliche Erkenntnisse über die Vorfahren der heutigen Pferde.

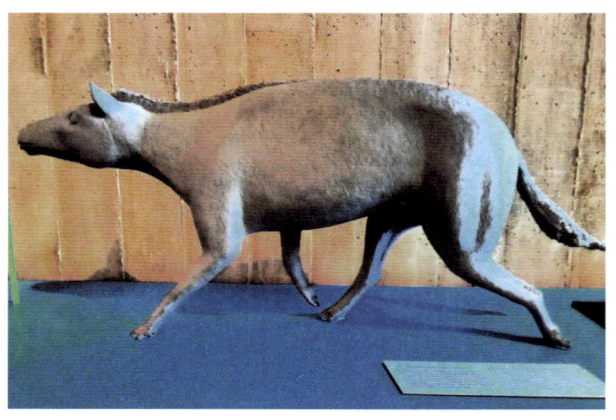

Die Urpferdchen waren so klein wie Terrier.

Darmstadt

UNTER-
iRDISCH

MIT STIEFELN IM UNTERGRUND –
DER WASSERSPEICHER
AUF DER MATHILDENHÖHE

„Serious Games" hieß eine Kunstausstellung auf der Mathildenhöhe, die in einem dunklen, feuchten Gewölbekeller endete. Wer die Installation von Antje Ehrmann und Harun Farocki sehen wollte, musste in gelbe Gummistiefel schlüpfen und durch zehn Zentimeter hohes Wasser waten. In dem Wasserspeicher unterhalb der Ausstellungshallen wirkten die Filmausschnitte über das Grauen des Krieges noch beklemmender. Wegen seiner mystischen Stimmung wird das Backsteingewölbe gern für künstlerische Veranstaltungen wie diese oder auch Klanginstallationen genutzt. Bei Führungen durch das feucht

gehaltene Reservoir erfahren die Besucher, dass der Mörtel für die Fugen einst mit 100 000 Eiern aus dem Odenwald wasserdicht gemacht wurde.

In diesem Backsteingewölbe von James Hobrecht mit einem Fassungsvermögen von 47 000 Kubikmetern hat die Geschichte der zentralen Darmstädter Wasserversorgung angefangen. Bis 1880 mussten die Bürger ihr Trink-, Bade- und Kochwasser noch aus dem Woog, dem Darmbach oder gefassten Quellen holen, deren Wasser mit Holzröhren, später mit Ton- und Bleirohren zu den Brunnen der privaten Schöpfstellen transportiert wurde. 1882 waren schon 1442 von 2400 Grundstücken an das Wassernetz angeschlossen – der Fortschritt war nicht mehr aufzuhalten.

Rote Linien im Wasser

In den dunklen, geheimnisvollen Räumen des historischen Wasserreservoirs hallen die Töne nach, und das Licht spiegelt sich auf der Wasserschicht. Diese Magie des Ortes haben schon etliche Künstler für verschiedene Licht- und Klanginstallationen genutzt. Mit neun roten Laserstrahlen zauberte Margareta Hesse Lichtschneisen in das alte Gemäuer. Die besondere Akustik machte das Vokalwerk von Karlheinz Stockhausen oder auch Kompositionen von John Cage zum Hör-Erlebnis. Hawaiianische Musik lockte die Besucher der Ausstellung „The killing Machine" zu einer im Wasser stehenden „Blue Hawaii Bar" – leider ohne Cocktails.

WIEDERENTDECKTES LABYRINTH –
UNTERIRDISCHE KELLER UND GÄNGE

Mit Sicherheitshelmen und Taschenlampen robben und kriechen die Besucher durch das unheimliche Keller- und Gängesystem unter der Dieburger Straße. Gänsehaut und Begegnungen mit Fledermäusen sind nicht auszuschließen. Der älteste, wahrscheinlich im 17. Jahrhundert errichtete Teil diente der Wasserversorgung der Stadt. Mitte des 19. Jahrhunderts ließen fünf Brauereien dort ihre Eis-, Gär- und Lagerkeller bauen. Über 50 Keller sind nach und nach entstanden. Mit Eisblöcken vom Woog wurde das untergärige Bier bei Temperaturen um 4 Grad Celsius gelagert. In den Bombennächten des Zweiten Weltkriegs suchten die Anwohner in den unterirdischen Bunkern Schutz. Ein Keller, der Internationale Studentenkeller, kurz ISK genannt, war bis 1973 eine beliebte Disco. Sie musste geschlossen werden, als das Grundstück mit Hochhäusern bebaut wurde. Dr. Horst-Volker Henschel, der langjährige Miteigentümer des Kaufhauses „Henschel und Ropertz", hat Darmstadts Katakomben wiederentdeckt. 1978 war er in eine der Wohnungen in den Hochhäusern eingezogen. Weil eine verschlossene Kellertür seine Neugier weckte, ließ er sich vom Hausmeister den Schlüssel geben. Dahinter stieß er auf fünf große Kellerräume, die zum Teil mit Schutt und Abfall gefüllt waren. Drei davon gehörten zum ehemaligen ISK. Von da an wurde Henschel einer der eifrigsten Erforscher der Darmstädter Unterwelt und hat – zusammen mit einem Co-Autor – ein Buch darüber herausgegeben.

Geheimnisvolle Keller unter der Dieburger Straße.

Darmstadt

KULTURELL

SO KLINGT AVANTGARDE — FERIENKURSE FÜR NEUE MUSIK

Dank der Internationalen Ferienkurse für Neue Musik hat Darmstadt in der Musikwelt einen guten Klang. 1946 – Darmstadt lag noch in Trümmern – wurden die ersten Ferienkurse im Jagdschloss Kranichstein veranstaltet. Das Bedürfnis war groß, wieder Anschluss an die zeitgenössische Musik zu gewinnen. Damals waren die Lebensmittel für die Studenten und Dozenten aus dem In- und Ausland noch rationiert, und die Portionen wurden aufs Gramm genau abgezählt. Karlheinz Stockhausen, Luigi Nono und Pierre Boulez inspirierten die jungen Musiker mit ihren avantgardistischen Werken. In den Ferienkursen, die zu einer der wichtigsten Plattformen für die Musik der Gegenwart geworden sind, werden neue Spieltechniken erfunden. Alle zwei Jahre präsentieren

Komponisten, Performer und Klangkünstler aus verschiedenen Ländern zwei Sommerwochen lang Performances, Klang- und Videoinstallationen, meist Uraufführungen. Musik, Licht und Bewegungen verschmelzen zu einem Gesamterlebnis. An den Kursen, Workshops und Aufführungen eines Festivals nehmen etwa 450 Mitwirkende aus rund 50 Nationen teil.

BEGEHRTE AUSZEICHNUNG –
DER GEORG-BÜCHNER-PREIS

Einmal im Jahr blickt die literarische Welt auf Darmstadt. Wem wird die Deutsche Akademie für Sprache und Dichtung auf ihrer Herbsttagung wohl diesmal den Georg-Büchner-Preis zuerkennen? Diese Auszeichnung ist der renommierteste und mit 50 000 Euro höchstdotierte jährlich vergebene Preis für deutschsprachige Autoren. Benannt ist er nach dem Schriftsteller Georg Büchner, der in Darmstadt aufgewachsen ist. Unter den seit 1923 Geehrten sind viele bekannte Namen zu finden, darunter Carl Zuckmayer, Erich Kästner, Max Frisch, Günter Grass, Friedrich Dürrenmatt, Botho Strauß und Elfriede Jelinek. Sie alle kamen nach Darmstadt, um sich – mit manchmal herausragenden und denkwürdigen Reden – für die hohe Ehre zu bedanken.

1957 erhielt der Schriftsteller Erich Kästner den Georg-Büchner-Preis.

DIE DARMSTÄDTER BIBEL –
NIEBERGALL UND DER DATTERICH

„Bezahle, wann mer Geld hat, des ist kah Kunst. Awwer bezahle, wann mer kahns hat, des is e Kunst, un die muss ich erscht noch lerne." Sprüche wie diese sprudeln aus älteren „Heinern" nur so heraus. Der „Datterich", aus dem sie stammen, ist die Bibel der Darmstädter, ein Füllhorn voller Bonmots. Eine kleine Tafel in der Heidelberger Straße erinnert an die Uraufführung dieser „Lokalposse in der Mundart der Darmstädter" im Jahr 1862, die ihr Verfasser Ernst Elias Niebergall nicht mehr erlebt hat. Die „Hessische Spielgemeinschaft", eine 1925 gegründete Mundartbühne mit Berufsschauspielern und Laien, führt das in der Zeit des Biedermeier spielende Stück um den Weingenießer „Datterich" häufig im Staatstheater auf. Der Titelheld ist ein entlassener, ehemaliger Finanzbeamter – zwar ein Schnorrer und Trinker, aber auch ein Mann mit Selbstironie, geheimer Größe und geistreicher Überlegenheit. Ernst Bloch nannte den schlitzohrigen „Datterich", der sich über das Konventionelle hinwegsetzt, einen „Quell von Lumperei und Freiheit, der durch lauter Muff fließt".

Das jüngste Denkmal für Ernst Elias Niebergall.

Mehrere Denkmäler erinnern an seinen Schöpfer, den besten Darmstädter Mundartdichter Ernst Elias Niebergall (1815 bis 1843). Das jüngste Denkmal, erst 2015 aufgestellt, ist eine von Thomas Duttenhoefer geschaffene Bronzeskulptur. Auch eine Schule, eine Straße – sogar eine in Berlin! – ein Triathlon und ein Journalistenpreis sind nach Niebergall benannt. Sein Geld verdiente der subversive Schriftsteller als Lehrer für Latein, Griechisch und Geschichte an einem privaten Knabeninstitut. Der Darmstädter Obrigkeit war er lange suspekt, und wegen seiner politischen Gesinnung drohte ihm sogar Gefängnis. Er wurde nur 28 Jahre alt. Aber sein „Datterich" lebt frohgemut weiter.

Datterich-Figuren mit beweglichen Gliedern

Das Bürger-Spielzeug – Der Datterich-Brunnen

Der „Datterich-Brunnen" hinter der Stadtbibliothek ist eine kleine Bühne, auf der jedermann Regie führen darf. Zwar wurde dem Brunnen das Wasser abgedreht, sodass er diesen Namen eigentlich nicht mehr verdient, aber die Personen, die im „Datterich" auftreten, sind immer noch so spielbereit wie am ersten Tag: Dummbach, Schmidt, Marie, Lisettche und Bennelbächer und das Verkommenheitsgenie Datterich. Das große Bürger-Spielzeug verlockt dazu, die Bronzefiguren mit ihren beweglichen Gliedern und Köpfen in immer wieder neue Positionen zu bringen. Die Darmstädter verdanken es ihrem früheren Oberbaudirektor Joachim Kuke. Er hatte die für den Aachener Bildhauer Bonifatius Stirnberg typischen mobilen Figuren während eines Urlaubs in Lemgo entdeckt. Hell begeistert vom Stil des Aacheners, überzeugte er den Magistrat davon, dass auch Darmstadt unbedingt eine solche „Kunst zum Anfassen" braucht. Der Brunnen – damals noch mit einer Brunnenspindel – bekam 1982 einen prominenten Platz vor dem Luisencenter am Luisenplatz. Doch die Figuren wurden immer wieder von Rowdies mutwillig beschädigt, und die Reparaturkosten waren saftig. 1998 wurde daher ein neuer Platz für die Trockenplastik – nunmehr ohne Brunnenfunktion – gefunden. An seinem jetzigen Standort fällt sie zwar nicht mehr so auf wie auf dem Luisenplatz, aber die Bronzemännchen und -weibchen bleiben von roher Gewalt verschont.

Matthias-Claudius-Anlage mit einer Tafel, auf der das „Mond"-Gedicht abgedruckt ist. Hier soll es entstanden sein.

WO DER MOND AUFGEGANGEN IST – MATTHIAS CLAUDIUS IN DARMSTADT

Der Redakteur und Journalist Matthias Claudius verbrachte in Darmstadt ein unfrohes Jahr. Er litt unter den Intrigen und der Ablehnung der Darmstädter Gesellschaft, und seine Schreibtischarbeit füllte ihn nicht aus. Immerhin ist in dieser Zeit sein berühmtes Gedicht „Der Mond ist aufgegangen" entstanden. Schließlich packte er die Koffer und kehrte arm, aber zufriedener mit seiner Familie ins Holsteinische zurück. Claudius starb 1815. Doch den von ihm zitierten Wald und die Wiese am Schnampelweg gibt es immer noch. Zu seinem „Abendlied" wurde der naturverbundene Dichter wahrscheinlich inspiriert, als er am „Loreley-Hügelchen" am Darmbach saß und über der Breitwiese den Mond aufgehen sah. Heute versperren Bäume die Sicht. Eine Tafel mit dem Text des Gedichtes ist an jenem Ort aufgestellt, an dem Claudius – wahrscheinlich – seinen Geistesblitz hatte.

DICHTER IN GIPS —
SHAKESPEARES TOTENMASKE

Wie sah William Shakespeare aus? Eine Gipsmaske aus dem Jahr 1616, die vermutlich ein bis zwei Tage nach seinem Tod von seinem Gesicht abgenommen wurde, spiegelt seine Züge naturgetreu wider. Sie gehört der Stadt Darmstadt und wird in der Universitäts- und Landesbibliothek aufbewahrt.

Kein Zweifel besteht daran, dass es eine echte Totenmaske ist – aber ob sie auch von dem großen englischen Dramatiker stammt? Eine Literaturwissenschaftlerin hat mit kriminaltechnischen Identifizierungsverfahren nachweisen können, dass der Abgebildete jene krankhafte Schwellung im linken Augenwinkel hat, die auf Shakespeare-Porträts auffallen. Hundert Jahre war die Totenmaske verschollen

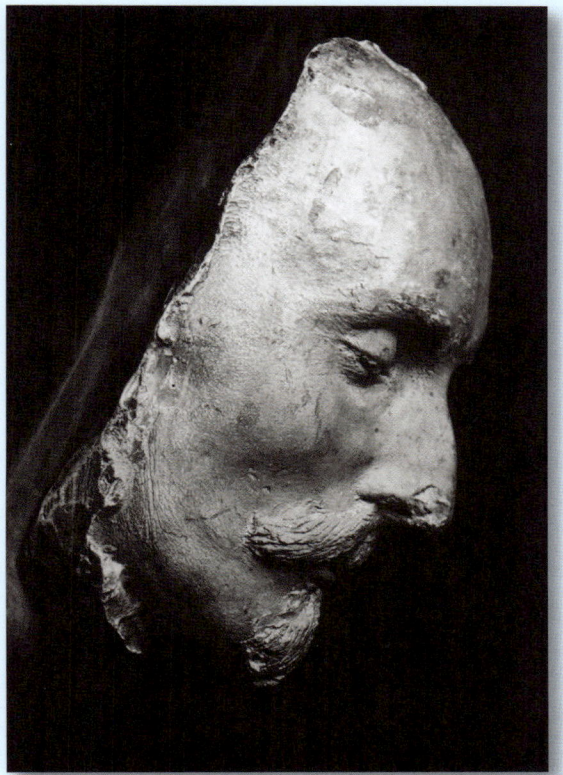

und tauchte erst 1774 wieder auf. Ein Mainzer Domherr erwarb sie in England. Nach seinem Tod wurde sie 1847 an Ludwig Becker, Hofmaler am Darmstädter Fürstenhaus, verkauft. Als sie 1960 versteigert wurde, bekam der damalige Direktor der Landes- und Hochschulbibliothek (heute: Universitäts- und Landesbibliothek) den Zuschlag.

Die Darmstädter Totenmaske des William Shakespeare.

WALD VOLLER WUNDER –
DER WALDKUNSTPFAD

Ein Holzhaus schwebt in den Baumkronen, ein riesengroßes Ei lockt zur Einkehr, Baumstücke mit Tragegriffen wollen wie Koffer weitergeschleppt werden: Der 2,6 Kilometer lange Internationale Waldkunstpfad ist voller Überraschungen. Rund 140 Künstlerinnen und Künstler aus 36 Ländern haben den Weg, der vom Böllenfalltor über den Goetheteich zur Ludwigshöhe führt, seit 2002 mit ihren Installationen oder Performances bereichert. Manches Kunstobjekt hat sich die Natur mit grünen Fingern wieder zurückgeholt, anderes ist auseinandergefallen. Umso besser für die jüngeren Werke, die keine Konkurrenz der „Oldies" fürchten müssen. Entwickelt wurde der Internationale Waldkunstpfad von der Kultur-anthropologin Ute Ritschel. Seit 2002 hat sie zwölf Waldkunstpfade, also Waldausstellungen, kuratiert. Die Werke entstehen während eines mehrwöchigen Symposiums, zu dem Ritschel alle zwei Jahre einlädt. Der Waldkunstpfad ist von Januar bis Dezember ein Erlebnis.

Darmstadt
HISTORISCH

HEIRATEN UNTER DER STADTKRONE –
DER HOCHZEITSTURM

Die fünfzinnige Krone des Hochzeitsturms, auch Fünf-Finger-Turm genannt, gleicht einer schützenden Hand. Vielleicht war „Fatimas Hand" ihr Vorbild? Der Wiener Architekt Josef Maria Olbrich hat den aus dunkelroten Klinkern gemauerten 48 Meter hohen Turm als Darmstädter Wahrzeichen geplant – und das ist er ja auch geworden. Die Stadt schenkte das Gebäude Großherzog Ernst Ludwig, der 1905 nach seiner ersten gescheiterten Ehe sein neues Glück mit Eleonore, dem „Licher Lorche", Tochter des Fürsten Hermann zu Solms-Hohensolms-Lich, versuchte. Mit ihr schien er seinen Seelenfrieden gefunden zu haben.
Die Bürgerinitiative Förderkreis Hochzeitsturm setzt sich für die Erhaltung des Wahrzeichens ein. In dem Turm kann seit 1993 geheiratet werden.

Bis zu 500 Paare entscheiden sich pro Jahr für diesen romantischen Trauungsort auf der fünften der sieben Ebenen im „Zimmer der Großherzogin". Von der höchsten Ebene aus genießen Besucher die weite Sicht in den Taunus, die Rheinebene und die vorderen Höhen des Odenwalds. In einer Vitrine sind Fotos des historischen Brautpaars und Schachteln (mit Krümeln) ausgestellt, in denen die Hochzeitsgesellschaft Teile des Hochzeitskuchens mitnehmen durfte. Der Hochzeitsturm hatte nie eine Wohn-Funktion, er wurde stets als Aussichtsturm genutzt.

Beliebt bei Brautpaaren: der Hochzeitsturm auf der Mathildenhöhe.

Die Mathildenhöhe – Darmstadts ganzer Stolz.

DER VORZEIGE-HÜGEL –
DIE MATHILDENHÖHE

Die Mathildenhöhe hat Darmstadts Ruhm als Jugendstil-Stadt begründet und nunmehr gute Chancen, als UNESCO-Welterbe anerkannt zu werden. Auf diesem Hügel durften sieben Künstler auf Einladung von Großherzog Ernst Ludwig Häuser und Zubehör im Stil der neuen, damals modernen Lebensreform gestalten. Das Leben sollte durch Schönheit veredelt und die Kunst in den Alltag gebracht werden. Keines der Häuser blieb komplett erhalten, aber im Museum Künstlerkolonie, dem ehemaligen Atelierhaus, bekommt man eine Ahnung von der Ästhetik und Eleganz des Interieurs. Die Mathildenhöhe ist Darmstadts Aushängeschild, der Ort, den Einheimische zu allererst Besuchern von außerhalb zeigen. Nach dem Kunst-Rundgang können sie sich unter die Boulespieler im schattigen Platanenhain mischen.

ROSIGE ZEITEN –
DIE ROSENHÖHE

Zur Zeit der Rosenblüte entdeckt man viele frisch Vermählte mit ihrem Hochzeitsfotografen im Rosendom auf der Rosenhöhe. Es ist der romantischste Ort der Stadt. Rosen überall, ein Traum in rosa, weiß und rot. Die Sorte „American pillar" schafft es fast, bis zum Dach des luftigen Doms zu klettern. Seit 1987/88 wird eine kleine Auswahl der Rosenzuchterfolge aus den letzten 100 Jahren auf den früheren Anzucht- und Gewächshausflächen des Rosariums präsentiert. Großherzogin Wilhelmine hatte den Park auf dem „Busenberg" anlegen lassen.

Er wurde einer ihrer Lieblingsaufenthaltsorte, und sie sagte über ihn: „Vor allen anderen lächelt mir dieser Erdenwinkel." Die Brautpaare aber hoffen, dass ihnen rosige Zeiten bevorstehen.

Wo Darmstadt romantisch ist: am Rosendom.

EIN STÜCK VOM MARKUSDOM – FUSSBODEN IM MAUSOLEUM

Zwischen Darmstadt und Venedig gibt es eine kuriose Verbindung. Der Marmorfußboden im Alten Mausoleum auf der Rosenhöhe, das dem frühchristlichen Grabmal der Kaiserin Galla Placida von Ravenna nachempfunden ist, stammt nämlich aus dem Markusdom. Als dessen Boden renoviert wurde, hielt sich der Münchner Maler Franz Naager gerade in Venedig auf, sicherte sich einige ausgemusterte Platten und nahm sie mit nach Darmstadt. Das Mausoleum wurde 1905 bis 1910 erbaut. Dort gestaltete Naager die Marmorverschalung der Wände, das Goldmosaik in der Kuppel, die Bildhauerarbeiten am Altar, die Bronzetür und die marmornen Schmuckplatten, die in der Wand eingelassen sind. Dafür soll er den Marmor aus Venedig verwendet haben.

Im Mausoleum sind Eltern und Geschwister von Großherzog Ernst Ludwig bestattet – er selbst entschied sich für eine andere Grabstätte in der Nähe.

AUF RUSSISCHER ERDE – DIE RUSSISCHE KAPELLE

Beim Stichwort Goldkuppel denken Darmstädter sofort an die Russische Kapelle, das erste Gebäude auf der Mathildenhöhe. Großherzog Ernst Ludwig schenkte das Grundstück seinem Schwager, dem letzten russischen Zaren Nikolaus II. Dieser ließ die Kapelle 1897 bis 1899 von dem Petersburger Architekten Louis Benois, Großvater des englischen Schauspielers Peter Ustinov, erbauen und bezahlte dafür 400 000 Mark aus seiner Privatschatulle. Es heißt, dass die Zarenkapelle auf russischer Erde steht. Allerdings ist unklar, ob es sich nur um ein paar importierte Eimer Erde oder größere Mengen handelt.

Nur wenige Male haben Nikolaus II. und seine Frau, Prinzessin Alix von Hessen und bei Rhein, die nach ihrem Glaubensübertritt Alexandra Fjodorowna hieß,

Die Kapelle des
letzten Zaren.

in der Kapelle gebetet. Heute ist sie eine russisch-orthodoxe Gemeindekirche.
In dem quadratischen Innenraum im byzantinischen Stil ist eine Stickarbeit
von Alix ausgestellt, und zwei Abbildungen zeigen Zar und Zarin in jungen,
glücklicheren Jahren. Sie wurden von den Bolschewiki 1918 ermordet und
werden seit dem Jahr 2000 aufgrund ihres „Märtyrertodes" von der russisch-
orthodoxen Kirche als Heilige verehrt.

DIE ZARENHOCHZEIT –
PRINZESSIN ALIX

Prinzessin Alix und der spätere Zar Nikolaus II. haben im Jahr 1895 ihre Hochzeit und 1896 im noch prunkvolleren Rahmen die Zarenkrönung in Moskau gefeiert. Die junge Zarin trug ein prächtiges Kleid aus silber- und goldfarbenem Stoff. Zwei Dinge blieben von diesen Festen erhalten und sind im Schlossmuseum zu besichtigen: Stoffproben des Hochzeitskleides und einer der Krönungsbecher, die 1896 in Moskau zusammen mit anderen Geschenken an das Volk verteilt wurden. Dabei entstand eine Massenpanik, bei der über 1000 Menschen ums Leben kamen – ein böses Omen. Am Abend besuchte der Zar einen Ball und erst am nächsten Tag die in die Kranken-häuser eingelieferten Verletzten.

Die letzte Zarin Alexandra Fjodorowna, aufgewachsen als Prinzessin Alix von Hessen und bei Rhein.

HEILMITTEL MUMIE

DAUERHAFTE LOCKEN

DAS PLEXIGLAS

Darmstadt

WELTOFFEN

LAUTER BESTSELLER –
DIE FIRMA MERCK

Ein Leben ohne Produkte der Darmstädter Firma Merck ist möglich – aber unwahrscheinlich. Denn das älteste pharmazeutisch-chemische Unternehmen der Welt, dessen Anfänge in das Jahr 1668 zurückreichen, stellt in Darmstadt alles her, was der Gesundheit dient und den Alltag bunter und spannender macht. Wer hat sich nicht schon mit Cebion, dem ersten Vitamin-C-Präparat, gegen Erkältungen geschützt? Oder mit Nasivin die Nase vom Schnupfen befreit? Das Spray mit der abschwellenden Wirkung flog sogar bei der ersten Mondlandung 1969 mit. Es gehörte zur Grundausstattung der Bordapotheke für die Astronauten Neil Armstrong und Edwin Aldrin. Ecstasy (früher: MDMA) wurde 1912 von dem Unternehmen patentiert.

Weltweit ist Merck der größte Hersteller von Flüssigkristallsubstanzen, die in LCD-Fernsehern und Smartphones zu finden sind. Die Darmstädter Zentrale war erstaunt, als die Japaner in den 1990er-Jahren gleich 100 Kilogramm davon bestellten. Wenig später fanden sie die Erklärung: Das Elektronikspielzeug Tamagotchi eroberte den Spielzeugmarkt.

Merck-Bestseller sind aber auch die seidenmatten bis stark glitzernden Perlglanzpigmente, die Lippenstiften, Autolack und exquisiten Druckerzeugnissen Brillanz verleihen. Farblacke mit Goldglanzeffekt ersetzen heute das Blattgold von Tempeln in Thailand und Myanmar, weil sie leichter und schneller zu verarbeiten sind und weniger kosten.

Heilmittel Mumie – Mumia vera aegyptiaca

Vor hundert Jahren glaubten noch viele Menschen an die heilenden Kräfte pulverisierter Mumien aus Ägypten. „Mumia vera aegyptiaca" wurden als Nahrungsergänzungsmittel in Apotheken verkauft. Ein Kilogramm kostete 1924 zwölf Goldmark – laut einer Preisliste der „Firma E. Merck Darmstadt." Teile von Mumien, die aus dem Jahr 270 vor Christus stammen und deren Herkunft nicht mehr nachvollziehbar ist, werden heute im klimatisierten Unternehmensarchiv von Merck aufbewahrt - denn auch sie gehören zur Geschichte der Pharmazie.

„Karo 5", das Empfangsgebäude der Technischen Universität.

VON EINSTEIN BIS ZUM POWERHAUS –
KLEINE GESCHICHTE DER TU

„Meiner Meinung nach müsst ihr unbedingt nach Darmstadt gehen. Dort ist ein gutes Polytechnikum", schreibt Albert Einstein 1919 an seine Familie. Diesen Satz könnte er auch heute noch guten Gewissens unterschreiben. Aber er würde sich wundern: Aus dem Polytechnikum ist die Technische Universität (TU) mit zwei Standorten innerhalb Darmstadts geworden. Da kann man schnell mal den Überblick verlieren. Hilfreich ist daher die Dauerausstellung im „Karo 5", dem Empfangsgebäude der TU in der Innenstadt. Der Name bezieht sich auf die Adresse: Karolinenplatz 5. Die Ausstellung informiert unterhaltsam und konzentriert über die Highlights der mit der ganzen Welt vernetzten Universität.
Seit 2005 gehört ihr Darmstadts ältestes Flugfeld, der August Euler-Flugplatz.

Ihr Vorläufer, die damalige Technische Hochschule, hatte 1913 den ersten Lehrstuhl für Luftfahrtschifffahrt und Flugtechnik eingerichtet. Weltweit wurden in Darmstadt die ersten Elektroingenieure ausgebildet. Und in jüngster Zeit glänzten Studierende der TU mit ihrem Plus-Energie-Bau, der mindestens so viel Sonnenenergie einsammelt, wie seine Bewohner verbrauchen. Mit diesem Powerhaus gewannen die Studierenden beim internationalen Wettbewerb „Solar Decathlon" (solarer Zehnkampf).

EIN STÜCK SPORTGESCHICHTE –
DAS PLEXIGLAS

PLEXIGLAS® wird nicht automatisch mit Darmstadt in Verbindung gebracht. Und doch hat der Name von hier aus seinen Siegeszug angetreten. 1933 ließ sich der Chemiker Otto Röhm (Röhm GmbH, heute Evonik Industries) die Bezeichnung PLEXIGLAS® für das neu entwickelte Acrylglas patentieren, inzwischen ist sie zum Gattungsbegriff geworden. Das in Darmstadt produzierte Material eröffnete neue Möglichkeiten für Architekten und Designer. 1968 wurde es bei der Überdachung des Olympiastadions in München verwendet.

Das Material für die Überdachung des Münchner Olympiastadions wurde in Darmstadt entwickelt.

Die lichtdurchlässige, 74 800 Quadratmeter große Zeltdachkonstruktion galt als optische und statische Sensation und Symbol für Leichtigkeit. Inzwischen wurde das Dach erneuert, und die ausgemusterten PLEXIGLAS®-Dachelemente können jetzt als „ein Stück Sportgeschichte" erworben werden.

DAUERHAFTE LOCKEN —
DIE WELLA AG

Shampoos, Tönungen, Farben und Festiger von Wella sorgten für die weltweite Verbreitung des Namens Darmstadt. 1950 stellte die Stadt der „Wella AG" ein günstiges Grundstück zur Verfügung, worauf sie ihren Firmensitz mit

Akkurat gewickelte Haare gehören zu einer gelungenen Dauerwelle.

Verwaltung, Forschungslaboratorien, Lager und Versand nach Darmstadt verlegte. Sie wurde zum zweitgrößten Hersteller von Haarkosmetik-Produkten und Friseurbedarf, brachte den ersten eigenen Dauerwellapparat, neue chemische Präparate zur Behandlung von Dauerwellen und die erste Cremehaarfarbe der Welt auf den Markt. Ihr Logo war die „Wella-Nixe", ein Frauenprofil mit wehendem Haar. Zeitweise hatte die Firma über 18 000 Mitarbeiter in 150 Ländern. 2003 verkaufte die Inhaberfamilie Ströher den Aktienbesitz an den amerikanischen Konsumgüterkonzern Procter and Gamble, der seine Beauty-Sparte 2015 an den US-Konzern Coty veräußerte. Der Markenname Wella blieb unangetastet.

Pop-Art-Pilgerstätte – Darmstädter Kunstsammlungen

Schon in den sechziger Jahren sammelte der Darmstädter Wella-Chef Karl Ströher Pop-Art und Fett-Objekte von Josef Beuys. 1968 erwarb er die umfangreichste Kollektion amerikanischer Pop-Art, die Sammlung des Versicherungsmaklers Leon Kraushar. Dazu gehörten Werke von Roy Lichtenstein, Claes Oldenburg und Andy Warhol. Die „Ströher-Sammlung" wurde ab 1970 im Hessischen Landesmuseum präsentiert, das zu einem Pilgerort für Kunstinteressierte wurde. Zweimal, 1971 und 1980, besuchte Andy Warhol die „Stadt der Künste".
1981 haben Ströhers Erben die Sammlung verkauft. Nur der Beuys-Block blieb Darmstadt erhalten, weil ihn das Land Hessen 1989 erwarb. Beuys persönlich hatte 1970 über 250 seiner Objekte in sieben Räumen des Hessischen Landesmuseums aufgebaut. Der „Beuys Block" gilt als weltweit größter, authentischer Werkkomplex des Künstlers. Dem Landesmuseum wurde 2013 auch die hochkarätige Sammlung des Wella-Museums mit 3000 Exponaten zur Kulturgeschichte der Schönheitspflege und des Friseurhandwerks als Schenkung überlassen. Anlass war die Verlagerung des Wella-Standortes nach Schwalbach im Taunus und die Schließung des Wella-Museums.

Blick in den Hauptkontrollraum des ESOC.

DIREKTVERBINDUNG ZUM WELTALL –
DAS ESOC

Knisternde Spannung. Alle Blicke sind auf die Bildschirme im Hauptkontrollraum des Darmstädter Satellitenkontrollzentrums ESOC (European Space Opera-
tions Centre) gerichtet. Gerade hat eine Trägerrakete im fernen Kourou (Südame-
rika) einen Satelliten ins All befördert. Wenn er sich gelöst hat, wird er von den
Raumfahrtingenieuren in Darmstadt auf seine genau berechnete Bahn gelenkt.
Sobald das Weltraummanöver geglückt ist, bricht im Hauptkontrollraum erleich-
terter Jubel aus. Die ganze Fernsehnation erlebt Glücksmomente wie diese
immer wieder in der „Tagesschau" mit.
Das ESOC, Kontrollzentrum der Europäischen Weltraumorganisation (ESA,
Hauptsitz: Paris) und Teil eines großen, weltweiten Netzwerks mit Bodenstationen,

ist Darmstadts Fenster zum Weltraum. Gegründet wurde es 1967. Rund um die Uhr überwachen etwa 900 Expertinnen und Experten die ESA-Satelliten im erdnahen oder interplanetaren Orbit. Dank der gelieferten Daten kann man zum Beispiel Wetterdaten und Meeresbewegungen oder die Reisernte im Mekong-Delta vorhersagen oder Straßen- und Brückenschäden nach Naturkatastrophen erkennen.

Im ESOC werden aber auch Weltraum-Missionen geplant – dazu gehört die Rosetta-Mission. Zehn Jahre war die mit einer hoch auflösenden Kamera ausgestattete ESA-Raumsonde – Europas wichtigste und teuerste Weltraumsonde – zum 6,4 Milliarden Kilometer entfernten entenförmigen Kometen Churyumov-Gerasimenko unterwegs. 70 000 Fotos wurden zur Erde gefunkt. Weil Kometen „Zeitkapseln" sind und Material aus dem Zeitalter vor der Entstehung der Sonne und der Planeten enthalten, erhofft man sich, durch die Untersuchung der Oberfläche Näheres über die Entwicklung unseres Sonnensystems und den Ursprung des Wassers zu erfahren. Bisher hat das ESOC über 60 Satelliten der ESA operationell betreut und zahlreiche Missionen anderer nationaler und internationaler Organisationen unterstützt.

Auf Satellitenjagd – Weltraumschrott

Eine weitere Aufgabe des ESOC ist die Entwicklung von Strategien zur Eindämmung von Weltraumschrott. Durch das All wirbeln inzwischen viele mindestens faustgroße Reste früherer Raumflüge. Sie rasen mit 40 000 Stundenkilometern Geschwindigkeit durch die Schwerelosigkeit und gefährden Satelliten und Raumfahrzeuge, weil sie beim Aufprall eine zerstörerische Kraft entwickeln. Bei jedem Zusammenstoß entstehen außerdem weitere Trümmerteile. Geschätzt über 750 000 Schrottteile kreisen durch das All. Die Internationale Raumstation ISS muss ihretwegen immer wieder Ausweichmanöver fliegen. Die Lösung des Problems: Ausgediente Satelliten sollen eingefangen und kontrolliert auf die Erde zurückgeholt oder auf eine „Friedhofsbahn" 500 bis 600 Kilometer über der bisherigen Umlaufbahn gelenkt werden.

STADT MIT *15 SCHWESTERN* – STÄDTEPARTNERSCHAFTEN

Weltoffenheit kann man kaum besser als mit Städtefreundschaften zum Ausdruck bringen. An den Ortseinfahrten werden Autofahrer auf Schildern darüber informiert, dass Darmstadt mit 15 Städten verschwistert ist. Schon 1958 wurden die ersten Freundschaftsverträge geschlossen. Die bitteren Erfahrungen des Zweiten Weltkriegs motivierten zu Versöhnungstreffen mit ehemaligen Kriegsgegnern, mit Alkmaar (Holland), Troyes (Frankreich) und Chesterfield (England). Nach und nach folgten Verschwisterungen mit Trondheim (Norwegen), der nördlichsten Schwester, 500 Kilometer südlich des Polarkreises, Graz (Österreich) und Bursa (Türkei). Als der Eiserne Vorhang fiel, wurden Szeged und Gyönk (Ungarn), Plock (Polen), Ushgorod (Ukraine), Liepaja (Lettland) und Freiberg (Sachsen) in den Kreis der Familie aufgenommen.

Vierzehn Schwesterstädte auf einen Blick - aber hier fehlt noch Gyönk (Ungarn)

Nach Saanen/Gstaad (Schweiz) und Brescia (Italien) kam als bisheriges Schlusslicht und 15. Schwester im Jahr 2002 Logrono (Spanien) dazu. Zurzeit liebäugelt Darmstadt mit einer Stadt jenseits des Atlantiks: mit San Antonio (USA, Texas). Besonders gefördert wird der Austausch von Schulen, Vereinen und Institutionen mit den Partnerstädten. Jugendliche spielen im Europa-Jugend-Orchester zusammen, Straßenbahnen tragen die Namen der Schwesterstädte, und in der Rheinstraße werden auf Bronzegussplatten, die in das Pflaster eingelassen sind, Ansichten der Städte gezeigt. Beim Heinerfest dürfen Vertreter aus den Schwesterstädten nicht fehlen. Sie verkaufen beim „AlleWeltTreff" kulinarische Spezialitäten aus ihrem Land oder unterhalten die Darmstädter mit Folkloretänzen und Musik.

Außenstelle in Polen – Schwesterstadt Plock

Seit 1988 ist Plock Darmstadts polnische Schwesterstadt. Ein Haus am Alten Markt, in dem einst der Schriftsteller E. T. A. Hoffmann gelebt hat und das im 19. Jahrhundert das „Hotel Berlin" war, wurde umgebaut und generalsaniert. Seit 1996 heißt es Darmstadt-Haus. Dieses Bildungszentrum soll die deutsche Kultur in Plock und Polen bekannter machen. Darmstädter Künstler und Schriftsteller stellen sich dort mit ihren Werken vor. Es gibt Ausstellungen, Vorträge, Konzerte, Treffen mit Schriftstellern, Sprachkurse und eine Bibliothek.

NEUE ANTWORTEN AUF EINE ALTE FRAGE – DAS HELMHOLTZZENTRUM

Wie ist die Welt entstanden? Mit dieser Frage beschäftigen sich die Wissenschaftler des Helmholtzzentrums für Schwerionenforschung (GSI) im Norden Darmstadt. Es ist die einzige Großforschungsstelle Hessens. Sie arbeiten mit 400 Instituten aus über 50 Ländern zusammen. Sechs neue chemische Elemente, darunter das Darmstadtium, wurden von ihnen entdeckt. Die Forscher entwickelten außerdem eine Krebstherapie, bei der Hirntumoren mit Ionen bestrahlt werden. Ihre Hauptaufgabe ist die Erforschung des Aufbaus und des Ursprungs von Materie. Zurzeit wird der Beschleunigerring „Fair" (Facility for Antiproton an Ion Research in Europe) gebaut, mit dessen Hilfe noch offene Fragen zur Entstehung des Weltalls geklärt werden sollen. Das Universum wird mit Experimenten in den Laboren nachgebildet. „Fair" soll bis 2025 fertiggestellt sein.

Darmstadtium heißt nicht nur das Element, sondern auch das Darmstädter Kongresszentrum.

Ganz in seinem Element –
Das Darmstadtium

Sechs neue Elemente hat die Darmstädter Gesellschaft für Schwerionenforschung (heute GSI Helmholtzzentrum für Schwerionenforschung) entdeckt und hergestellt. Eines davon aus der Nickelgruppe mit der Zahl 110 im Periodensystem trägt seit 2003 offiziell den Namen Darmstadtium (Ds). Bei der Herstellung wurden Nickel und Blei mit hoher Geschwindigkeit vereint. Darmstadt ist die einzige Stadt, nach der ein Element benannt wurde. Als nach einem Namen für das 2007 eröffnete Wissenschafts- und Kongresszentrum gesucht wurde, fiel die Entscheidung leicht: „Darmstadtium".

ZWEIMAL DARMSTADT –
NAMENSVETTERN IN DEN USA

„Ich bin ein Darmstädter" können die Einwohner von Darmstadt in Illinois und von Darmstadt in Indiana mit Fug und Recht behaupten. Darmstadt (Illinois) wurde 1825 von zwei Dietzenbachern gegründet. Der Name sollte die Neueinwanderer anlocken, denn die Residenzstadt Darmstadt war ein Begriff – im Gegensatz zu Dietzenbach. Heute ist Darmstadt in Illinois eine Ansiedlung von etwa 50 Häusern und einer Kirche und das optische Gegenteil der Wissenschaftsstadt.

Darmstadt (Indiana) mit heute 1497 Einwohnern ist von seiner amerikanischen Namensschwester 200 Kilometer entfernt. 1867 soll der Besitzer des General Store, Michael Bauer, die Streusiedlung an einer Wegekreuzung aus Liebe zu seiner Frau Darmstadt genannt haben. Seine Liebste stammte allerdings nicht aus der Residenzstadt, sondern aus Nieder-Ingelheim, einem Ort, der damals zu Hessen-Darmstadt gehörte.

Besiedelt 1822, 1497 Einwohner (davon 46% deutschstämmig): Auch das ist Darmstadt - in Indiana.

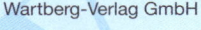